어휘로 잡는 빵빵 독해

초등 사회 1

글 김연아 | 그림 허아성, 조승연

웅진주니어

이 책의 특징

어휘를 알면 독해가 쉽다! 어휘력을 빵빵하게 키워 독해를 쉽게 할 수 있습니다.

글을 읽고도 무슨 뜻인지 모르는 이유가 무엇일까요? 글을 읽고 그 내용을 이해하는 능력인 독해력이 부족하기 때문입니다. 독해력은 문장을 읽고 이해하는 능력인 문해력과도 연결됩니다. 문해력을 기르려면 어휘력이 바탕이 되어야 합니다. 『어휘로 잡는 빵빵 독해』에서는 어휘의 의미와 쓰임을 다양한 상황으로 구성해 보여 줌으로써 아이들이 어휘를 쉽게 이해할 수 있게 하였습니다. 또한 이렇게 익힌 어휘를 짧은 문장으로 확인하는 문제를 통해 문해력을 키우고 긴 글까지 확장해 이해할 수 있도록 하였습니다.

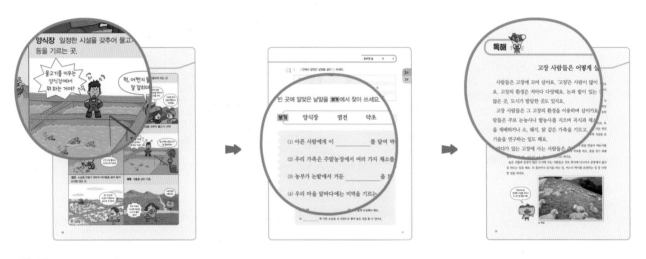

초등 교과와 연계한 독해 프로그램으로, 교과 지식을 넓힐 수 있습니다.

초등 사회 교과서에 나오는 주제로 구성된 다양한 지문을 통해 독해 능력을 키우고 교과 공부에 필요한 기초 지식도 키울 수 있도록 하였습니다. 또 '교과서 속 책 읽기'를 통해 초등 및 중등 국어 교과서에 나오는 지문을 미리 읽어 보는 경험을 할 수 있습니다.

주	일차	학습 주제	주	일차	학습 주제
1주 사회 문화 1	1	고장 사람들이 하는 일	3주 지리 1	1	지도의 특징과 종류
	2	중심지의 특징과 역할		2	지도를 읽는 방법
	3	공공 기관의 종류와 역할		3	우리 국토의 위치와 영역
	4	옛날과 오늘날의 교통수단		4	우리 국토, 독도
	5	옛날과 오늘날의 통신 수단		5	우리 국토의 자연환경
2주 사회 문화 2	1	가족의 다양한 형태	4주 지리 2	1	우리나라의 기후
	2	촌락의 특징		2	우리나라의 자연재해
	3	도시의 특징		3	자연재해를 극복하려는 노력
	4	촌락과 도시의 교류		4	세계의 여러 대륙
	5	저출산과 고령화 문제		5	우리나라와 가까운 나라들
교과서 속 책 읽기			교과서 속 책 읽기		

한 번에 끝내자! 오늘 학습은 오늘 끝내는 성취감을 느낄 수 있습니다.

어휘와 독해를 하루에 하나씩! 1주 6일, 4주 한 권 완성으로 학습 성취감을 높입니다. 부담 없이 학습할 수 있도록 쉽고 간결하게 구성하였으며, 날마다 학습한 날짜를 기록하면서 아이 스스로 꾸준히 학습할 수 있도록 하였습니다.

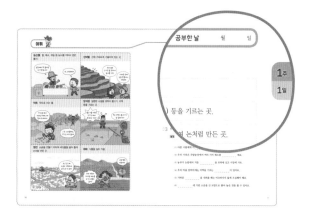

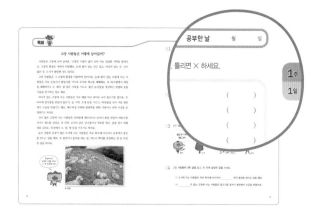

친근한 빵 친구들이 어휘와 독해 학습의 재미를 높여 줍니다.

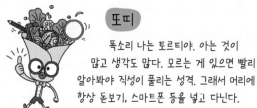

또띠
똑소리 나는 토르티야. 아는 것이 많고 생각도 많다. 모르는 게 있으면 빨리 알아봐야 직성이 풀리는 성격. 그래서 머리에 항상 돋보기, 스마트폰 등을 넣고 다닌다.

빵이
푸근한 식빵. 웃음이 많다. 감정이 풍부하여 잘 웃고, 부끄러움을 잘 탄다. 새로운 사실을 알았을 때는 얼굴이 부풀었다 쭈그러들었다를 반복한다.

핫또야
장난꾸러기 핫도그. 심심한 걸 견디지 못해 케첩 같은 소스를 뿌려 대며 말썽을 일으키기도 하지만 악의는 없다.

롱이
수다쟁이 마카롱. 무조건 아는 척을 잘하며 모든 일을 참견하고 싶어 이곳저곳을 기웃거린다.

소라
수줍음이 많은 소라빵. 호기심도 많다. 무엇인가 골똘히 생각할 때는 커다란 모자에 몸을 숨기기도 하고, 놀라면 모자가 들썩이는 등 과한 리액션이 매력이다.

꽈리
투덜이 꽈배기. 무슨 일이든지 일단 투덜거리고 본다. 싫을수록 몸이 더 배배 꼬이고, 몸에 묻은 설탕을 털면서 온몸으로 거부한다.

이 책의 구성과 활용 방법

독해를 하기 전에 독해 지문에 나오는 어휘의 뜻을 익힙니다.

어휘를 익힌 뒤 바로 문제를 풀며 어휘의 뜻을 잘 알고 있는지 확인해 봐.

먼저 어휘의 뜻을 읽고, 만화를 통해 어휘가 어떻게 사용되는지 확인해 봐.

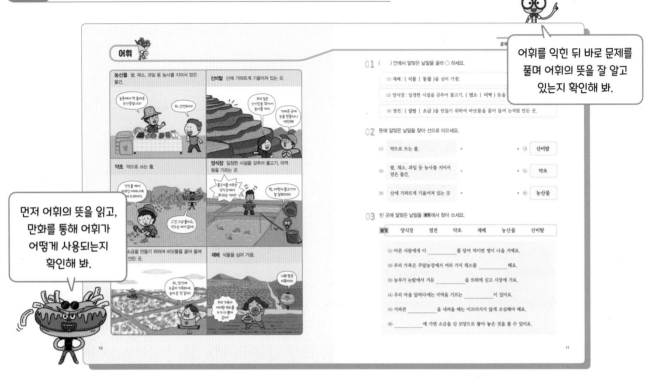

독해 초등 사회 교과서에 나오는 학습 주제를 담은 지문을 읽고 독해력을 기릅니다.

문제를 풀며 글의 내용을 잘 이해했는지 확인해 봐.

먼저 어떤 내용의 글인지 제목을 읽은 다음, 글을 차근차근 읽으며 내용을 파악해 봐.

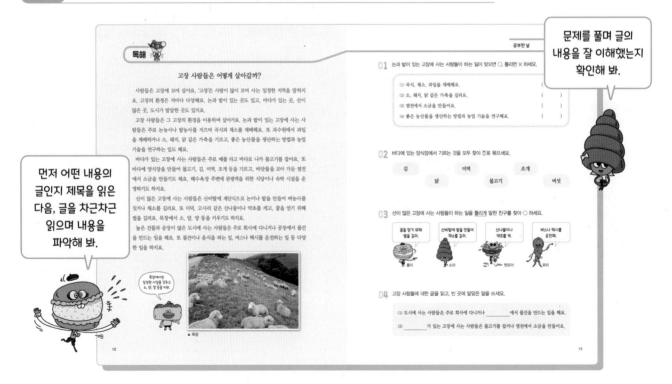

복습 한 주 동안 배운 내용을 낱말 퍼즐, 사다리 타기, 미로 등의 다양한 활동을 통해 복습합니다.

전체 학습 분량 중
완료한 학습량

학습한 어휘 수

학습한 지문 수

헷갈리거나 모르는 것이
있으면 앞으로 돌아가
내용을 확인한 뒤 문제를
풀어 봐.

왼쪽 면은 어휘를,
오른쪽 면은 독해 내용을
확인하는 활동으로
구성되어 있어.

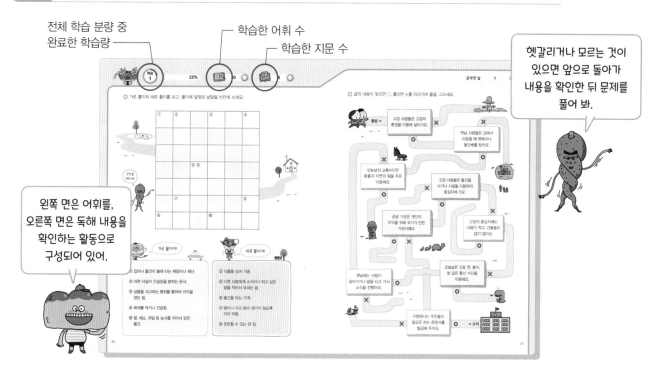

교과서 속 책 읽기 초등 및 중등 국어 교과서에 나오는 다양한 유형의 지문을 읽고 내용을 파악합니다.

학습 주제와 관련된
교과서에 나오는
지문을 읽으며
내용을 파악해 봐.

지문의 내용을 잘
파악했는지 간단한
문제를 풀며 확인해 봐.

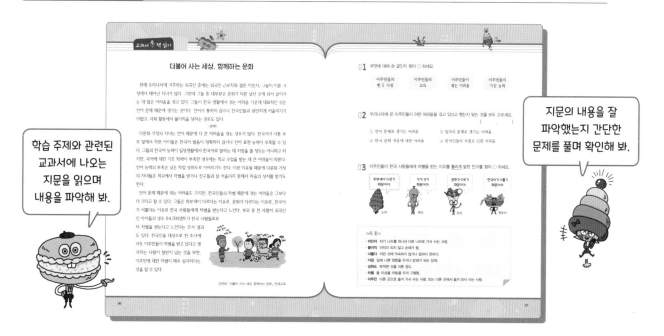

해답 어휘, 독해, 복습, 교과서 속 책 읽기 문제의 해답을 확인합니다.

찾아보기 헷갈리거나 모르는 어휘를 찾아봅니다.

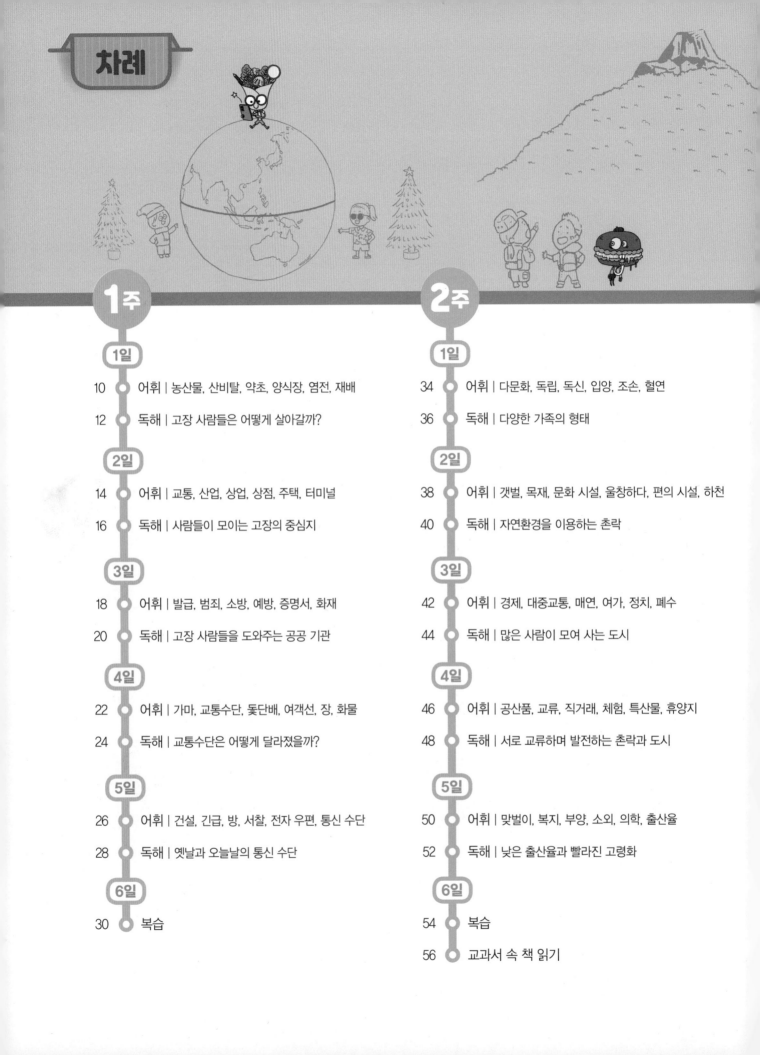

차례

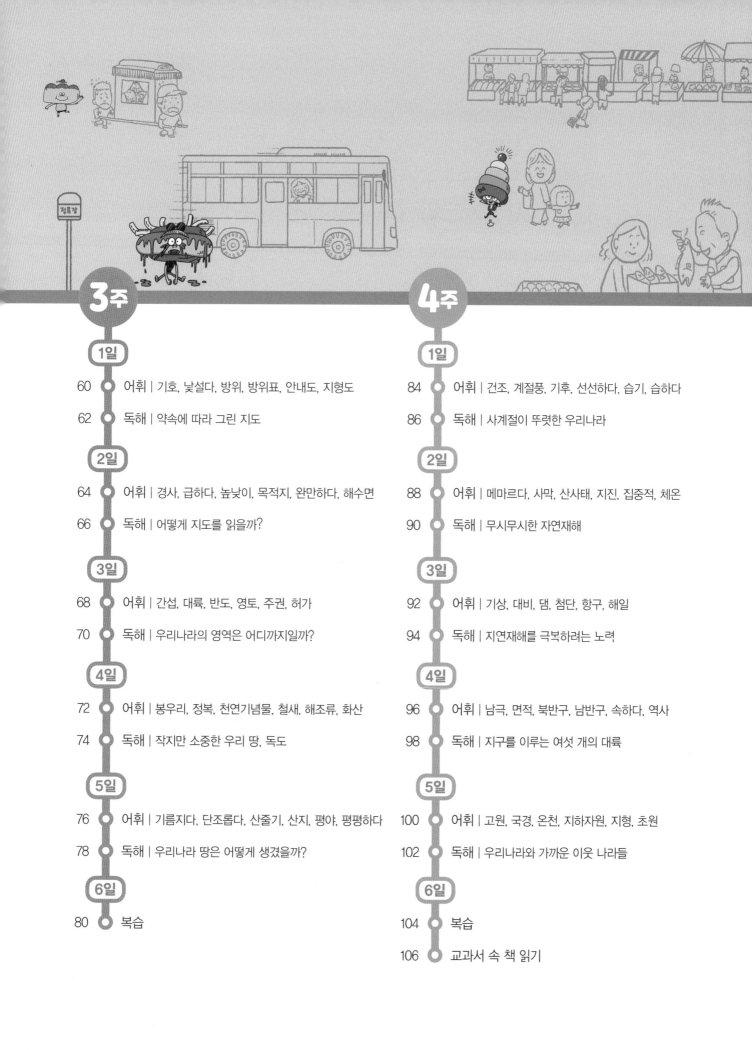

1주 사회 문화 1

1일

어휘 | 농산물, 산비탈, 약초, 양식장, 염전, 재배
독해 | 고장 사람들은 어떻게 살아갈까?

2일

어휘 | 교통, 산업, 상업, 상점, 주택, 터미널
독해 | 사람들이 모이는 고장의 중심지

3일

어휘 | 발급, 범죄, 소방, 예방, 증명서, 화재
독해 | 고장 사람들을 도와주는 공공 기관

5일

어휘 | 건설, 긴급, 방, 서찰, 전자 우편, 통신 수단

독해 | 옛날과 오늘날의 통신 수단

4일

어휘 | 가마, 교통수단, 돛단배, 여객선, 장, 화물

독해 | 교통수단은 어떻게 달라졌을까?

6일

복습

농산물 쌀, 채소, 과일 등 농사를 지어서 얻은 물건.

산비탈 산에 가파르게 기울어져 있는 곳.

약초 약으로 쓰는 풀.

양식장 일정한 시설을 갖추어 물고기, 미역 등을 기르는 곳.

염전 소금을 만들기 위하여 바닷물을 끌어 들여 논처럼 만든 곳.

재배 식물을 심어 가꿈.

01 ( ) 안에서 알맞은 낱말을 골라 ○ 하세요.

(1) 재배 : (식물 | 동물)을 심어 가꿈.

(2) 양식장 : 일정한 시설을 갖추어 물고기, (염소 | 미역) 등을 기르는 곳.

(3) 염전 : (설탕 | 소금)을 만들기 위하여 바닷물을 끌어 들여 논처럼 만든 곳.

02 뜻에 알맞은 낱말을 찾아 선으로 이으세요.

(1)   약으로 쓰는 풀.   •   ㉠   산비탈

(2)   쌀, 채소, 과일 등 농사를 지어서   •   ㉡   약초
       얻은 물건.

(3)   산에 가파르게 기울어져 있는 곳   •   ㉢   농산물

03 빈 곳에 알맞은 낱말을 보기 에서 찾아 쓰세요.

| 보기 | 양식장 | 염전 | 약초 | 재배 | 농산물 | 산비탈 |

(1) 아픈 사람에게 이 _____ 를 달여 먹이면 병이 나을 거예요.

(2) 우리 가족은 주말농장에서 여러 가지 채소를 _____ 해요.

(3) 농부가 논밭에서 거둔 _____ 을 트럭에 싣고 시장에 가요.

(4) 우리 마을 앞바다에는 미역을 기르는 _____ 이 있어요.

(5) 가파른 _____ 을 내려올 때는 미끄러지지 않게 조심해야 해요.

(6) _____ 에 가면 소금을 산 모양으로 쌓아 놓은 것을 볼 수 있어요.

고장 사람들은 어떻게 살아갈까?

사람들은 고장에 모여 살아요. '고장'은 사람이 많이 모여 사는 일정한 지역을 말하지요. 고장의 환경은 저마다 다양해요. 논과 밭이 있는 곳도 있고, 바다가 있는 곳, 산이 많은 곳, 도시가 발달한 곳도 있지요.

고장 사람들은 그 고장의 환경을 이용하며 살아가요. 논과 밭이 있는 고장에 사는 사람들은 주로 논농사나 밭농사를 지으며 곡식과 채소를 재배해요. 또 과수원에서 과일을 재배하거나 소, 돼지, 닭 같은 가축을 기르고, 좋은 농산물을 생산하는 방법과 농업 기술을 연구하는 일도 해요.

바다가 있는 고장에 사는 사람들은 주로 배를 타고 바다로 나가 물고기를 잡아요. 또 바다에 양식장을 만들어 물고기, 김, 미역, 조개 등을 기르고, 바닷물을 모아 가둔 염전에서 소금을 만들기도 해요. 해수욕장 주변에 관광객을 위한 식당이나 숙박 시설을 운영하기도 하지요.

산이 많은 고장에 사는 사람들은 산비탈에 계단식으로 논이나 밭을 만들어 벼농사를 짓거나 채소를 길러요. 또 더덕, 고사리 같은 산나물이나 약초를 캐고, 꿀을 얻기 위해 벌을 길러요. 목장에서 소, 말, 양 등을 키우기도 하지요.

높은 건물과 공장이 많은 도시에 사는 사람들은 주로 회사에 다니거나 공장에서 물건을 만드는 일을 해요. 또 물건이나 음식을 파는 일, 버스나 택시를 운전하는 일 등 다양한 일을 하지요.

목장에서는 일정한 시설을 갖추고 소, 양, 말 등을 키워.

▲ 목장

01 논과 밭이 있는 고장에 사는 사람들이 하는 일이 맞으면 ○, 틀리면 ✕ 하세요.

　(1) 곡식, 채소, 과일을 재배해요.　　　　　　　　　　(　　　)

　(2) 소, 돼지, 닭 같은 가축을 길러요.　　　　　　　　(　　　)

　(3) 염전에서 소금을 만들어요.　　　　　　　　　　(　　　)

　(4) 좋은 농산물을 생산하는 방법과 농업 기술을 연구해요.　(　　　)

02 바다에 있는 양식장에서 기르는 것을 모두 찾아 ⟲로 묶으세요.

　　김　　　　　　　　　미역　　　　　　　　조개

　　　　닭　　　　　　　　물고기　　　　　　　　　버섯

03 산이 많은 고장에 사는 사람들이 하는 일을 <u>틀리게</u> 말한 친구를 찾아 ○ 하세요.

꿀을 얻기 위해 벌을 길러.　롱이

산비탈에 밭을 만들어 채소를 길러.　소라

산나물이나 약초를 캐.　핫또야

버스나 택시를 운전해.　꽈리

04 고장 사람들에 대한 글을 읽고, 빈 곳에 알맞은 말을 쓰세요.

　(1) 도시에 사는 사람들은 주로 회사에 다니거나 ＿＿＿＿＿＿에서 물건을 만드는 일을 해요.

　(2) ＿＿＿＿＿＿가 있는 고장에 사는 사람들은 물고기를 잡거나 염전에서 소금을 만들어요.

교통 자동차, 기차 등의 탈것을 이용하여 사람이나 짐이 오고 가는 일.

산업 물품이나 서비스 등을 만들어 내는 일.

상업 상품을 사고파는 행위를 통하여 이익을 얻는 일.

상점 물건을 파는 가게.

주택 한 가구만 살 수 있게 한 채씩 따로 지은 집.

터미널 기차, 버스 등의 여러 노선이 모여 있는, 주로 첫 번째나 마지막 역.

01 낱말에 대한 설명이 맞으면 ○, 틀리면 ✕ 하세요.

(1) '상점'은 물건을 파는 가게를 말해요. ( )

(2) '주택'은 한 채의 높고 큰 건물 안에 여러 가구가 독립하여 살 수 있게
지은 집을 말해요. ( )

(3) '산업'은 물품이나 서비스 등을 만들어 내는 일을 말해요. ( )

(4) '터미널'은 사람이 타고 내릴 수 있게 버스나 택시 등이 멈추는 장소를
말해요. ( )

(5) '상업'은 상품을 사고파는 행위를 통하여 이익을 얻는 일을 말해요. ( )

(6) '교통'은 자동차, 기차 등의 탈것을 이용하여 사람이나 짐이 오고 가는
일을 말해요. ( )

02 ( ) 안에서 알맞은 낱말을 골라 ○ 하세요.

(1) 출퇴근 시간에는 도로에 차가 많아 (교통 | 교육)이 혼잡해요.

(2) 대전에 가는 버스를 타려면 버스 (터널 | 터미널)로 가야 해요.

03 빈칸에 알맞은 낱말을 보기 에서 찾아 쓰세요.

보기

산업

상점

주택

상업

(1) 부모님은 가방을 파는
□□을 운영하고 있어요.
□ □

(2) 나는 마당이 넓은
□□에서 살고 싶어요.
□ □

(3) 가게들이 늘어선 □□
지역에는 늘 사람이 많아요.
□ □

(4) 제주도는 관광 □□이
발달했어요.
□ □

사람들이 모이는 고장의 중심지

고장에는 사람들이 생활에 필요한 것을 구하거나 시설을 이용하기 위해 많이 모이는 곳이 있어요. 이런 곳을 고장의 '중심지'라고 해요.

고장의 중심지에는 시장, 은행, 병원, 기차역, 버스 터미널, 영화관 등 사람들의 생활과 관련된 여러 시설이 모여 있어요. 또 크고 높은 건물이 많고, 아파트나 주택들도 많아요. 도로가 넓고 버스나 기차 같은 교통수단도 많지요. 중심지는 고장 사람들이 오고 가기 쉽도록 교통이 편리한 곳에 있어요.

고장에 따라 중심지가 한 개인 곳도 있고, 여러 개인 곳도 있어요. 중심지는 기능에 따라 산업의 중심지, 행정의 중심지, 상업의 중심지, 문화의 중심지, 교통의 중심지 등으로 나눌 수 있어요.

회사나 공장이 많은 산업의 중심지에는 사람들이 일하기 위해 모여들어요. 시청이나 구청, 교육청 등이 있는 행정의 중심지에는 사람들이 필요한 서류를 떼거나 행정 업무를 처리하기 위해 모이지요. 대형 마트, 시장, 백화점, 상점이 많은 상업의 중심지에는 생활에 필요한 물건을 사기 위해 사람들이 모여요. 영화관, 공원, 공연장, 문화 센터 등이 있는 문화의 중심지에는 다양한 문화생활을 하며 여유로운 시간을 즐기려는 사람들이 모이지요. 기차역, 버스 터미널, 공항 등이 있는 교통의 중심지에는 다른 고장으로 가기 위해 사람들이 모여요.

이 밖에도 교육의 중심지, 관광의 중심지 등 여러 중심지가 있는데, 중심지마다 모습도 다르고 기능도 다르답니다.

> 교통이 발달하면 사람들이 쉽게 오갈 수 있어 많은 사람이 모여.

▲ 고장의 중심지

01 고장 사람들이 생활에 필요한 것을 구하거나 시설을 이용하기 위해 많이 모이는 곳을
무엇이라고 하는지 쓰세요.

고장의 [   ]

02 고장의 중심지에 대한 설명으로 <u>틀린</u> 것을 고르세요. (   )

① 크고 높은 건물이 많아요.

② 논과 밭이 많아요.

③ 도로가 넓고 교통이 편리해요.

④ 사람들의 생활과 관련된 여러 시설이 모여 있어요.

03 각 중심지에 사람들이 모이는 까닭을 찾아 선으로 이으세요.

(1) 산업의 중심지 •   • ㉠ 일하기 위해

(2) 상업의 중심지 •   • ㉡ 다른 고장으로 가기 위해

(3) 교통의 중심지 •   • ㉢ 생활에 필요한 물건을 사기 위해

04 문화의 중심지에 대한 설명이 맞으면 ○, 틀리면 ✕ 하세요.

(1) 영화관, 공연장, 문화 센터 등이 있어요.   (   )

(2) 사람들이 행정 업무를 처리하기 위해 모여요.   (   )

(3) 사람들이 문화생활을 하기 위해 모여요.   (   )

발급 기관에서 증명서 등을 만들어 내줌.

주민 등록증은 어디서 발급해요?

행정 복지 센터에서 해 준단다.

행정 복지 센터

범죄 법을 어기고 죄를 저지르는 것.

사건 현장에서 머리카락이 나왔으니 범죄를 인정하시오.

전 머리카락이 없어요.

소방 화재를 막거나 진압함.

소화기는 불을 끄는 소방 기구야.

방심하면 모든것을 잃습니다

집이나 학교, 사무실에 꼭 있어야 해.

예방 병이나 사고 등이 생기지 않도록 미리 막음.

누가 먼저 독감 예방 주사를 맞을래?

오빠 먼저!

아니, 동생 먼저!

증명서 어떤 사실이 진실임을 밝히는 문서.

신청하신 졸업 증명서 여기 있습니다.

감사합니다.

증명서 발급

화재 집이나 물건이 불에 타는 재앙이나 재난.

우리 아파트에 화재가 났는데 소방관들이 와서 바로 불을 껐어.

큰일 날 뻔했구나!

01 낱말의 뜻을 찾아 선으로 이으세요.

(1) 예방 •

(2) 화재 •

(3) 발급 •

• ㉠ 기관에서 증명서 등을 만들어 내줌.

• ㉡ 집이나 물건이 불에 타는 재앙이나 재난.

• ㉢ 병이나 사고 등이 생기지 않도록 미리 막음.

02 빈 곳에 알맞은 낱말을 보기 에서 찾아 쓰세요.

보기   문서   화재   죄

(1) '범죄'는 법을 어기고 _____ 를 저지르는 것을 말해요.

(2) '소방'은 _____ 를 막거나 진압하는 것을 말해요.

(3) '증명서'는 어떤 사실이 진실임을 밝히는 _____ 를 말해요.

03 안에서 알맞은 낱말을 골라 ○ 하세요.

(1) 우리 동네에서는 도둑질 같은 무죄 | 범죄 가 한 번도 일어나지 않았어요.

(2) 카드를 잃어버려서 카드 회사에 새 카드를 발급 | 발전 해 달라고 요청했어요.

(3) 감기를 예방 | 증명 하려면 손을 잘 씻고, 햇볕을 자주 쬐어야 해요.

(4) 공장에 화재 | 홍수 가 나서 소방차들이 달려왔어요.

(5) 성적 보고서 | 증명서 를 떼어 보면 학교 다닐 때 성적을 알 수 있어요.

(6) 소방관이 학교에 와서 소개 | 소방 안전 교육을 해 주었어요.

고장 사람들을 도와주는 공공 기관

사람들은 집에 도둑이 들면 경찰서에 신고하고, 불이 나면 소방서에 연락해 도움을 받아요. 이처럼 우리는 생활하면서 고장에 있는 여러 공공 기관의 도움을 받지요.

'공공 기관'은 개인의 이익이 아닌 주민 전체의 이익과 생활의 편의를 위해 국가가 세우거나 관리하는 기관이에요. 누구나 쉽게 찾아가 편하게 이용하도록 하기 위해 주로 교통이 편리하고 사람들이 많이 다니는 곳에 있지요. 경찰서, 소방서, 보건소, 우체국, 구청, 도서관, 학교 등이 대표적인 공공 기관이에요.

경찰서에서는 고장 사람들의 생명과 재산을 지켜 주는 일을 해요. 범죄가 일어나지 않도록 지역 곳곳을 살피고, 범죄자를 잡기도 해요. 또 교통이 혼잡할 때는 교통정리를 해 주어 차들이 안전하게 다니도록 돕지요.

소방관들이 일하는 소방서에서는 불이 난 곳에 달려가 불을 끄고 사람들을 구해요. 또 안전 교육을 하거나 소방 시설을 점검해 화재를 예방해요.

▲ 소방서

소방서 앞에는 소방차들이 항상 대기하고 있어.

보건소에서는 고장 사람들이 질병에 걸리지 않도록 예방 접종을 해 주고, 질병을 치료해 주어요. 또 질병의 예방이나 건강에 대해 교육해 주지요.

우체국은 편지와 소포 같은 우편물을 배달하고, 다른 지역으로 우편물을 보내 주어요. 돈을 맡아 주거나 빌려주기도 해요.

구청에서는 주민들이 필요로 하는 여러 종류의 증명서를 발급해 주고, 지역에서 생기는 문제를 해결해 주어요.

이 밖에도 고장에는 많은 공공 기관이 있어 고장 사람들이 편리하게 생활할 수 있도록 도와준답니다.

01 공공 기관에 대한 설명으로 <u>틀린</u> 것을 고르세요. (   )

① 주민 전체의 이익과 생활의 편의를 위해 만든 기관이에요.

② 누구나 쉽게 이용할 수 있어요.

③ 고장 사람들이 돈을 모아 만들어요.

④ 교통이 편리하고 사람들이 많이 다니는 곳에 있어요.

02 공공 기관을 모두 찾아 ○ 하세요.

학교   도서관   미용실   소방서

시장   경찰서   보건소

03 어떤 공공 기관에 대한 설명인지 쓰세요.

• 고장 사람들의 생명과 재산을 지켜 주어요.
• 교통정리를 해 주어요.

⑴ (   )

• 고장 사람들이 질병에 걸리지 않게 예방 접종을 해 주어요.
• 건강에 대해 교육해 주어요.

⑵ (   )

04 공공 기관에 대한 글을 읽고, 알맞은 말에 ○ 하세요.

⑴ (소방서 | 구청)에서는 불을 끄고 사람의 생명을 구하며, 화재를 예방해요.

⑵ 우체국에서는 (건축물 | 우편물)을 배달하고, 돈을 맡아 주거나 빌려주기도 해요.

가마 옛날에 안에 사람을 태우고 둘이나 네 사람이 들고 이동하는 집 모양의 탈것.

교통수단 사람이 이동하거나 물건을 옮기는 데 사용하는 방법이나 도구.

돛단배 배 바닥에 기둥을 세운 후 넓은 천을 매달아 놓은 배.

여객선 사람을 태워 나르는 배.

장 정기적으로 많은 사람이 모여 여러 가지 물건을 사고파는 곳.

화물 운반할 수 있는 큰 짐.

01 뜻에 알맞은 낱말을 보기 에서 찾아 빈칸에 쓰세요.

보기	장	가마	화물	여객선	돛단배	교통수단

(1) 배 바닥에 기둥을 세운 후 넓은 천을 매달아 놓은 배. ⬚

(2) 사람을 태워 나르는 배. ⬚

(3) 사람이 이동하거나 물건을 옮기는 데 사용하는 방법이나 도구. ⬚

(4) 운반할 수 있는 큰 짐. ⬚

(5) 정기적으로 많은 사람이 모여 여러 가지 물건을 사고파는 곳. ⬚

(6) 옛날에 안에 사람을 태우고 둘이나 네 사람이 들고 이동하는
집 모양의 탈것. ⬚

02 빈칸에 알맞은 글자를 모두 찾아 ○ 하세요.

(1) 하인들이 김 대감이 탄 □□를 메고
궁궐로 향했어요.

| 뗏 | 가 | 마 | 목 |

(2) 아저씨들이 창고에 있던 □□을 커다란
트럭에 옮겨 실었어요.

| 출 | 화 | 핀 | 물 |

03 (   ) 안에서 알맞은 낱말을 골라 ○ 하세요.

(1) 강에 떠 있던 (돛단배 | 가마)는 바람이 불자 스르르 움직였어요.

(2) 우리 마을에서는 7일에 한 번씩 (장 | 징)이 열려요.

(3) 요즘에는 자동차, 기차, 배, 비행기 등 다양한 (통신 수단 | 교통수단)이 있어요.

(4) 파도가 심해 섬으로 가는 (여객선 | 지하철)이 다니지 못하게 되었어요.

교통수단은 어떻게 달라졌을까?

지금처럼 교통수단이 발달하지 않았던 옛날에는 먼 길을 가거나 짐을 옮길 때 어떻게 했을까요? 옛날 사람들은 먼 곳을 갈 때 대부분 걸어갔어요. 그래서 장에 가려면 몇 시간을 걸어야 했고, 다른 지방에 갈 때도 며칠을 걸어갔지요. 급한 일이 있어 빠르게 이동해야 할 때는 말을 타고 갔어요. 양반과 같이 신분이 높은 사람들은 사람이 직접 들어서 옮기는 가마를 이용하기도 했어요.

떗목은 사람이 '노'라는 도구를 저어서 움직여.

강에서 이동할 때는 통나무를 나란히 이어서 만든 뗏목이나 커다란 돛을 달아 바람의 힘으로 움직이는 돛단배를 이용했어요. 무거운 짐을 옮길 때는 소나 말이 끄는 짐수레인 달구지에 실어 옮겼어요.

옛날의 교통수단은 이동하는 데 시간이 오래 걸리고, 아주 많은 사람이 한꺼번에 이용할 수 없었어요. 또 비나 눈이 많이 내리면 이용하기 어려웠지요.

오늘날은 과학 기술의 발달로 기계의 힘을 이용하는 편리한 교통수단이 많이 생겨났어요. 요즘 사람들은 자동차, 오토바이, 기차, 비행기, 여객선 같은 교통수단 덕분에 아주 먼 곳까지 빠르고 편하게 갈 수 있어요. 고속 열차를 타면 약 3시간 만에 서울에서 부산까지 가고, 비행기를 타고 12시간 정도면 바다 건너 미국에도 갈 수 있지요. 또 트럭이나 화물 열차, 화물선 등을 이용해 무거운 짐이나 많은 물건을 먼 곳까지 한 번에 빠르게 옮길 수도 있어요.

교통수단의 발달로 우리 생활은 편해졌지만, 교통수단에서 나오는 오염 물질로 인해 환경이 오염되는 등 해결해야 할 여러 가지 문제가 생기고 있답니다.

01 옛날 사람들이 사용했던 교통수단을 모두 찾아 ⟳로 묶으세요.

가마   달구지   기차

뗏목   자동차   돛단배

02 어떤 탈것에 대한 설명인지 **보기** 에서 찾아 쓰세요.

보기   가마   뗏목   달구지   돛단배

(1) 소나 말이 끄는 짐수레로, 무거운 짐을 옮길 때 썼어요.   ☐

(2) 옛날에 강에서 이동할 때 타던 것으로 바람의 힘으로 움직였어요.   ☐

03 오늘날의 교통수단에 대한 글을 읽고, 알맞은 말에 ○ 하세요.

오늘날의 교통수단은 (동물 │ 기계)의 힘을 이용해서 편리하고 빨라요.

04 옛날의 교통수단에 대한 설명이면 '옛날', 오늘날의 교통수단에 대한 설명이면 '오늘날'에
○ 하세요.

(1) 아주 멀리까지 빠르게 이동할 수 있어요.   옛날 │ 오늘날

(2) 이동하는 데 시간이 오래 걸려요.   옛날 │ 오늘날

(3) 아주 많은 사람이 한꺼번에 이용하기 어려워요.   옛날 │ 오늘날

(4) 한 번에 많은 짐을 빠르게 먼 곳까지 옮길 수 있어요.   옛날 │ 오늘날

건설 건물이나 시설을 새로 짓는 것.

긴급 매우 중요하고 급함.

방 어떤 일을 널리 알리기 위해 사람들이 많이 모이는 곳에 써 붙이는 글.

서찰 다른 사람에게 소식이나 하고 싶은 말을 적어서 보내는 글.

전자 우편 인터넷이나 통신망으로 주고받는 편지.

통신 수단 소식이나 정보를 전달하려고 사용하는 방법이나 도구.

01 낱말과 그 뜻이 바르게 짝 지어진 것을 모두 찾아 ✔ 하세요.

(1) 전자 우편 – 우체국을 통해 주고받는 편지.

(2) 통신 수단 – 소식이나 정보를 전달하려고 사용하는 방법이나 도구.

(3) 방 – 어떤 일을 특정한 한 사람에게만 알리기 위해 쓴 글.

(4) 건설 – 건물이나 시설을 새로 짓는 것.

(5) 긴급 – 서두르지 않고 마음의 여유가 있음.

(6) 서찰 – 다른 사람에게 소식이나 하고 싶은 말을 적어서 보내는 글.

02 빈칸에 알맞은 낱말이 차례대로 묶인 것을 고르세요. (   )

• 우리 아빠는 아파트를 [   ]하는 일을 해요.

• 이 일은 [   ]한 일이니 빨리 처리해 주세요.

① 건국 – 긴급
② 건설 – 긴장
③ 건설 – 긴급
④ 건국 – 긴장

03 빈칸에 알맞은 낱말을 찾아 선으로 이으세요.

(1) 미국에 있는 친구에게 컴퓨터로 [   ]을 보냈어요.   •   • ㉠ 방

(2) 포졸이 담벼락에 범인을 잡는 [   ]을 붙였어요.   •   • ㉡ 전자 우편

(3) 전화, 컴퓨터, 팩시밀리 등은 오늘날 사용하는 [   ]이에요.   •   • ㉢ 서찰

(4) 김 대감은 안부를 적은 [   ]을 하인을 통해 보내왔어요.   •   • ㉣ 통신 수단

옛날과 오늘날의 통신 수단

요즘에는 멀리 있는 사람에게도 전화나 컴퓨터를 이용해 소식을 쉽게 전할 수 있어요. 그럼 전화나 컴퓨터가 없던 옛날에는 멀리 있는 사람에게 어떻게 소식을 전했을까요?

옛날에는 사람이 먼 곳까지 직접 걸어가서 말로 소식을 전하거나 서찰을 가지고 가서 전했어요. 긴급한 소식은 말을 타고 가서 알렸고, 여러 사람에게 소식을 알릴 때는 길거리나 사람이 많은 곳에 방을 붙이기도 했어요.

나라에 위급한 상황이 생겼을 때는 북을 크게 쳐서 알리거나 '봉수'라는 통신 제도를 이용했어요. 봉수는 높은 산에 봉수대를 만들어 밤에는 횃불을 피우고, 낮에는 연기를 피워 소식을 알리던 제도예요. 전쟁 때는 연의 무늬와 색깔로 의미를 정해 놓은 신호 연을 하늘에 띄워 적이 모르게 약속된 신호를 보내기도 했어요.

오늘날에는 통신 수단이 발달하고 통신 방법도 다양해졌어요. 오늘날 사람들이 가장 많이 사용하는 통신 수단은 휴대 전화와 컴퓨터예요. 휴대 전화는 언제 어디서나 사용할 수 있고, 문자를 보내거나 인터넷을 이용하는 등 다양한 기능이 있어 편리하지요. 컴퓨터로는 전 세계 어디로든 전자 우편을 보내서 소식을 전달하거나 한 번에 많은 양의 정보를 쉽게 주고받을 수 있어요.

그 밖에도 우체국을 통해 편지나 물품 등을 보내는 우편, 전화선을 이용해 그림이나 글자가 적힌 문서를 간편하게 보내는 팩시밀리, 경찰이나 건설 현장에서 일하는 사람들이 주로 사용하는 무전기 등도 오늘날 사용하는 통신 수단이에요.

01 옛날의 통신 수단에 대해 바르게 말한 친구를 모두 찾아 ○ 하세요.

먼 곳까지 사람이 직접 가서 소식을 알렸어.

E롱이

긴급한 소식은 소를 타고 가서 알렸어.

핫또야

여러 사람에게 소식을 알릴 때는 서찰을 이용했어.

또띠

전쟁 때는 신호 연을 띄워 적이 모르게 신호를 보내기도 했어.

소라

02 봉수에 대한 글을 읽고, 빈 곳에 알맞은 말을 쓰세요.

봉수는 나라에 위급한 상황이 생겼을 때 쓰던 통신 제도로, 밤에는 _____을 피우고 낮에는 _____를 피워 소식을 알렸어요.

03 휴대 전화의 특징으로 맞는 것을 모두 고르세요. (,   )

① 장소와 상관없이 어디서나 사용할 수 있어요.

② 소식을 전하는 데 시간이 오래 걸려요.

③ 문자 보내기, 인터넷 이용 등 다양한 기능이 있어요.

④ 오늘날 사람들이 많이 사용하지 않아요.

04 옛날의 통신 수단과 오늘날의 통신 수단을 보기 에서 모두 찾아 기호를 쓰세요.

| 보기 | ㉠ 우편 | ㉡ 방 | ㉢ 휴대 전화 | ㉣ 컴퓨터 | ㉤ 봉수 | ㉥ 신호 연 |

(1) 옛날 (,   ,   )   (2) 오늘날 (,   ,   )

가로 풀이와 세로 풀이를 보고, 풀이에 알맞은 낱말을 빈칸에 쓰세요.

빈칸을 채워 봐!

가로 풀이야!

세로 풀이야!

① 집이나 물건이 불에 타는 재앙이나 재난.

③ 어떤 사실이 진실임을 밝히는 문서.

⑤ 상품을 사고파는 행위를 통하여 이익을 얻는 일.

⑧ 화재를 막거나 진압함.

⑩ 쌀, 채소, 과일 등 농사를 지어서 얻은 물건.

② 식물을 심어 가꿈.

④ 다른 사람에게 소식이나 하고 싶은 말을 적어서 보내는 글.

⑥ 물건을 파는 가게.

⑦ 병이나 사고 등이 생기지 않도록 미리 막음.

⑨ 운반할 수 있는 큰 짐.

글의 내용이 맞으면 ○, 틀리면 ✕를 따라가며 줄을 그으세요.

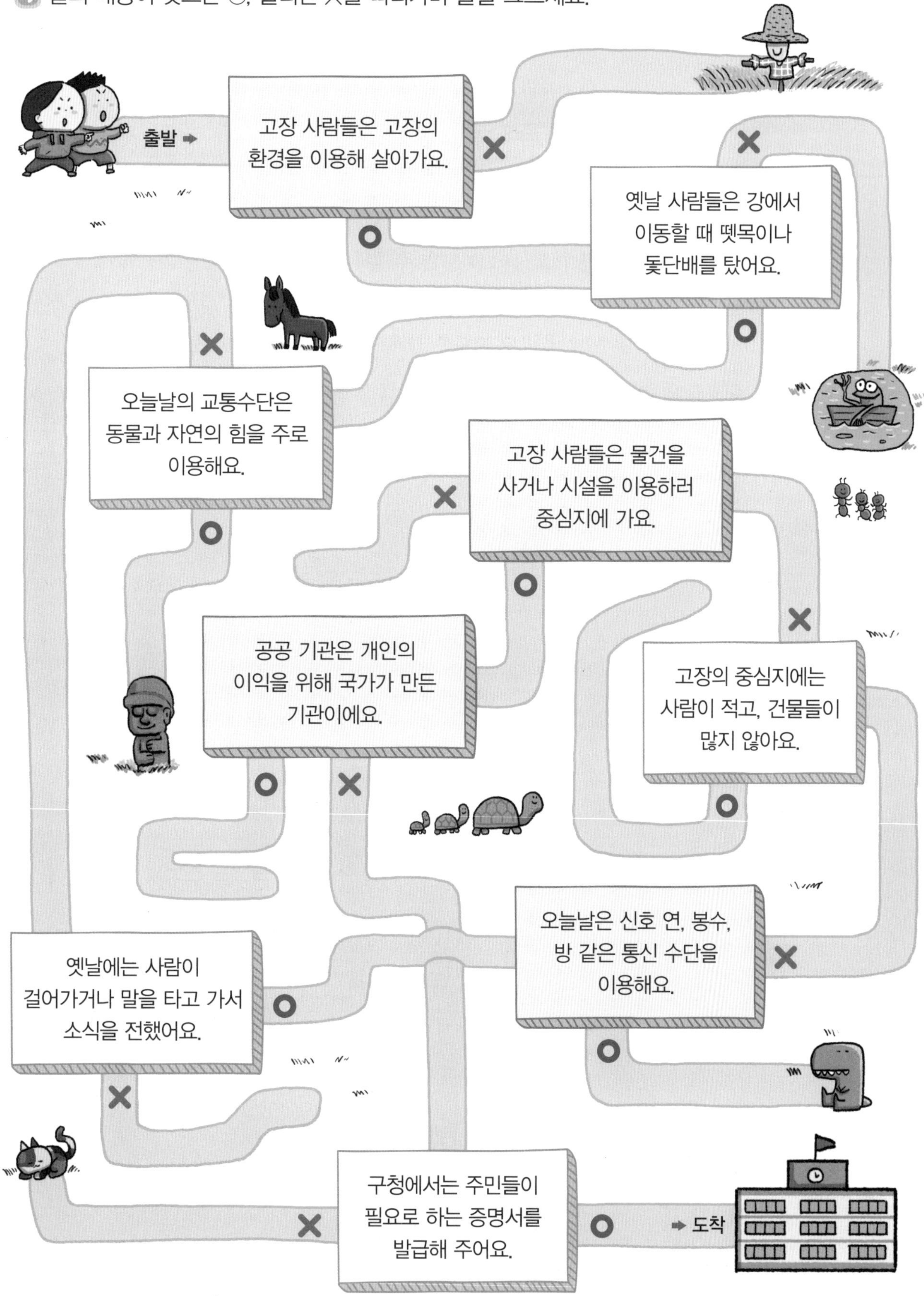

출발 ➡

고장 사람들은 고장의 환경을 이용해 살아가요.

옛날 사람들은 강에서 이동할 때 뗏목이나 돛단배를 탔어요.

오늘날의 교통수단은 동물과 자연의 힘을 주로 이용해요.

고장 사람들은 물건을 사거나 시설을 이용하러 중심지에 가요.

공공 기관은 개인의 이익을 위해 국가가 만든 기관이에요.

고장의 중심지에는 사람이 적고, 건물들이 많지 않아요.

옛날에는 사람이 걸어가거나 말을 타고 가서 소식을 전했어요.

오늘날은 신호 연, 봉수, 방 같은 통신 수단을 이용해요.

구청에서는 주민들이 필요로 하는 증명서를 발급해 주어요.

➡ 도착

2주 사회 문화 2

1일

어휘 | 다문화, 독립, 독신, 입양, 조손, 혈연
독해 | 다양한 가족의 형태

2일

어휘 | 갯벌, 목재, 문화 시설, 울창하다, 편의 시설, 하천
독해 | 자연환경을 이용하는 촌락

3일

어휘 | 경제, 대중교통, 매연, 여가, 정치, 폐수
독해 | 많은 사람이 모여 사는 도시

5일

어휘 | 맞벌이, 복지, 부양, 소외, 의학, 출산율
독해 | 낮은 출산율과 빨라진 고령화

4일

어휘 | 공산품, 교류, 직거래, 체험, 특산물, 휴양지
독해 | 서로 교류하며 발전하는 촌락과 도시

6일

복습
교과서 속 책 읽기

어휘

다문화 한 사회 안에 여러 민족이나 여러 나라의 문화가 섞여 있는 것.

독립 남에게 의존하거나 매여 있지 않음.

독신 배우자가 없이 혼자 사는 것. 또는 그런 사람.

입양 법적인 절차를 거쳐 자신이 낳지 않은 사람을 자식으로 들임.

조손 할아버지, 할머니와 손자, 손녀를 함께 부르는 말.

혈연 같은 핏줄로 이어진 관계.

01 낱말에 대한 설명이 맞으면 ○, 틀리면 ✕ 하세요.

(1) '독립'은 남에게 의존하거나 매여 있지 않은 것을 말해요. 　　　　(　　)

(2) '다문화'는 여러 문화가 섞이지 않고 하나의 문화만 있는 것을 말해요. 　(　　)

(3) '입양'은 법적인 절차를 거쳐 자신이 낳지 않은 사람을 자식으로 들이는
　　것을 말해요. 　　　　　　　　　　　　　　　　　　　(　　)

02 빈칸에 알맞은 낱말을 찾아 선으로 이으세요.

(1) 　　　은 같은 핏줄로 이어진 관계를
　　　말해요. 　　●

● ㉠ 　조손

(2) 　　　은 할아버지, 할머니와 손자,
　　　손녀를 함께 부르는 말이에요. 　●

● ㉡ 　독신

(3) 　　　은 배우자가 없이 혼자 사는 것
　　　또는 혼자 사는 사람을 말해요. 　●

● ㉢ 　혈연

03 빈 곳에 알맞은 낱말을 보기 에서 찾아 쓰세요.

| 보기 | 혈연 | 독신 | 조손 | 독립 | 입양 | 다문화 |

(1) 요즘에는 결혼하지 않고 혼자 사는 ＿＿＿＿＿＿ 가족이 늘고 있어요.

(2) 옆집 부부는 아이를 ＿＿＿＿＿ 해 친자식처럼 잘 키우고 있어요.

(3) 아빠와 나, 엄마와 나는 ＿＿＿＿＿으로 이어진 사이예요.

(4) 누나는 직장 때문에 부모님으로부터 ＿＿＿＿＿ 해 혼자 살아요.

(5) 내 짝꿍네는 부모님 없이 할머니와 둘이 사는 ＿＿＿＿＿ 가정이에요.

(6) 세계의 다양한 문화를 체험할 수 있는 ＿＿＿＿＿ 축제가 열려요.

다양한 가족의 형태

우리는 집에서 가족과 함께 생활해요. '가족'은 주로 한 집에 모여 살고 부부, 부모와 자식, 형제자매 등의 관계로 이루어진 사람들을 말해요. 부부는 결혼으로, 부모와 자식은 혈연으로 맺어진 사람들이지요.

옛날에는 할아버지, 할머니, 아빠, 엄마, 자녀들이 함께 살았어요. 자녀가 결혼한 뒤에도 부모와 같이 살았지요. 이처럼 부모와 결혼한 자녀가 함께 사는 가족을 '확대 가족'이라고 해요. 주로 농사를 짓고 살던 옛날에는 일할 사람이 많이 필요해서 대부분 확대 가족이었어요. 그래서 한 가족이 보통 10명이 넘었고, 많은 집은 20명이 넘기도 했어요.

오늘날에는 가족의 형태가 옛날과 많이 달라졌어요. 확대 가족은 보기 어렵고 부모와 결혼하지 않은 자녀가 함께 사는 '핵가족'이 대부분이지요. 산업의 발달로 직업이 다양해지면서 가족들은 일자리를 찾아 흩어져 살게 되었어요. 또 교육을 위해 다른 지역으로 이사하거나, 혼자 살기 위해 독립하는 경우가 늘면서 점점 핵가족이 많아졌지요.

요즘에는 가족의 형태가 매우 다양해요. 부모의 이혼이나 죽음 때문에 아이가 부모 중 한 명하고만 사는 '한 부모 가족'도 있고, 아이가 부모 없이 할아버지, 할머니와 함께 사는 '조손 가족'도 있어요. 또 부모가 없는 아이를 입양하여 함께 사는 '입양 가족', 외국인과 결혼해서 사는 '다문화 가족', 결혼하지 않고 혼자 사는 '독신 가족'도 있지요. 가족의 형태는 다르지만, 가족이 서로 아끼고 사랑하며 살아가는 것은 비슷해요.

▲ 조손 가족

▲ 독신 가족

▲ 한 부모 가족

▲ 다문화 가족

오늘날 가족의 형태는 다양해졌지만 가족 구성원의 수는 옛날보다 줄었어.

01 주로 한 집에 모여 살고 부부, 부모와 자식, 형제자매 등의 관계로 이루어진 사람들을 무엇이라고 하는지 쓰세요.

02 옛날과 오늘날의 가족 형태에 대한 글을 읽고, 알맞은 말에 ○ 하세요.

옛날에는 부모와 결혼한 자녀가 함께 사는 (핵가족 | 확대 가족)이 대부분이었지만,
요즘에는 부모와 결혼하지 않은 자녀가 함께 사는 (핵가족 | 확대 가족)이
대부분이에요.

03 오늘날 핵가족이 많아지게 된 이유로 틀린 것을 고르세요. (　　　　)

① 일자리를 찾아 흩어져 살기 때문이에요.

② 교육을 위해 이사하기 때문이에요.

③ 농사를 짓고 살기 때문이에요.

④ 혼자 살기 위해 독립하기 때문이에요.

04 어떤 가족에 대한 설명인지 찾아 선으로 이으세요.

(1) 아이가 부모 중 한 명하고만 사는 가족 ・   ・ ㉠ 조손 가족

(2) 아이가 부모 없이 할아버지, 할머니와 사는 가족 ・   ・ ㉡ 입양 가족

(3) 부모가 없는 아이를 입양하여 함께 사는 가족 ・   ・ ㉢ 한 부모 가족

어휘

갯벌 바닷물이 빠졌을 때에 드러나는 넓은 진흙 벌판.

목재 집을 짓거나 가구를 만드는 데 쓰는 나무 재료.

문화 시설 문화를 누리고 발달시키는 데 필요한 시설.

울창하다 나무가 빽빽하게 우거지고 푸르다.

편의 시설 편하고 좋은 환경이나 조건을 갖춘 시설.

하천 강과 시내를 아울러 이르는 말.

01 뜻에 알맞은 낱말을 **보기**에서 찾아 빈칸에 쓰세요.

보기   목재   갯벌   편의 시설   하천   문화 시설   울창하다

(1) [   ] – 강과 시내를 아울러 이르는 말.

(2) [   ] – 편하고 좋은 환경이나 조건을 갖춘 시설.

(3) [   ] – 집을 짓거나 가구를 만드는 데 쓰는 나무 재료.

(4) [   ] – 나무가 빽빽하게 우거지고 푸르다.

(5) [   ] – 바닷물이 빠졌을 때에 드러나는 넓은 진흙 벌판.

(6) [   ] – 문화를 누리고 발달시키는 데 필요한 시설.

02 빈칸에 알맞은 낱말을 찾아 선으로 이으세요.

(1) 우리 마을에는 극장, 미술관 같은 문화를 누릴 [   ]이 부족해요.   •

•   ㉠ 편의 시설

(2) 호텔은 손님들이 편하게 지내도록 [   ]이 잘 갖추어져 있어요.   •

•   ㉡ 문화 시설

(3) 식목일에 나무를 많이 심고 잘 가꾸어 숲을 [   ] 만듭시다.   •

•   ㉢ 울창하게

03 (   ) 안에 알맞은 낱말을 **보기**에서 찾아 기호를 쓰세요.

보기   ㉠ 하천   ㉡ 목재   ㉢ 갯벌

(1) 우리 가족은 (   )에 들어가 조개를 많이 캤어.

(2) 아빠가 나무 책상을 만들기 위해 (   )를 사 오셨어.

(3) 어젯밤에 비가 많이 내려 (   )의 물이 넘쳤어.

자연환경을 이용하는 촌락

사람들이 사는 곳은 크게 촌락과 도시로 나뉘어요. 촌락은 자연환경을 주로 이용하여 살아가는 지역으로, 농촌, 어촌, 산지촌이 있지요.

농촌은 주민들 대부분이 농사를 지으며 사는 마을이에요. 농촌에는 논과 밭이 넓게 펼쳐져 있고, 농사짓는 데 필요한 물을 얻을 수 있는 강이나 하천이 있어요. 농촌 사람들은 곡식과 채소, 과일을 재배하고, 가축을 길러요.

어촌은 바다를 이용하여 생활하는 사람들이 사는 마을이에요. 어촌에는 바다가 있고, 해안가에는 갯벌이나 모래사장이 펼쳐져 있어요. 어촌에 사는 사람들은 바다에서 물고기를 잡거나 김, 미역 등을 따며 생활하지요. 또 갯벌에서 조개를 캐거나 모래사장이 있는 곳에서 해수욕장을 운영하기도 해요.

산지촌은 산을 이용하여 생활하는 사람들이 사는 마을이에요. 산지촌에는 산이 많고 숲이 울창해 경치가 좋고 공기도 맑아요. 산지촌 사람들은 산에서 나무를 기르고 목재를 생산하거나 산나물과 약초를 캐요. 또 계단식 논밭에서 농사를 짓기도 하지요.

촌락에는 교통수단이 많지 않고, 병원, 은행 같은 생활 편의 시설과 극장, 미술관 같은 문화 시설이 부족해 생활하기 불편해요. 더군다나 젊은 사람들이 일자리를 찾아 도시로 많이 떠나 촌락에는 노인들만 남아서 일할 사람이 부족해 어려움을 겪고 있지요. 하지만 최근에는 이런 촌락의 문제를 해결하고 촌락을 되살리기 위해 다양한 노력을 하고 있답니다.

어촌에 사는 사람들은 배를 타고 바다에 나가 고기를 잡아.

▲ 어촌

01 촌락에 대한 글을 읽고, 빈 곳에 알맞은 말을 쓰세요.

> 촌락은 농촌, _____, 산지촌처럼 _____을 주로 이용하여
> 살아가는 지역을 말해요.

02 어느 지역에 대한 설명인지 찾아 선으로 이으세요.

(1) 주민들 대부분이 농사를 지으며 사는 마을   •   • ㉠ 산지촌

(2) 바다를 이용하여 생활하는 사람들이 사는 마을   •   • ㉡ 농촌

(3) 산을 이용하여 생활하는 사람들이 사는 마을   •   • ㉢ 어촌

03 어촌에 대한 설명으로 맞는 것을 **보기** 에서 모두 찾아 기호를 쓰세요.

> **보기**
>
> ㉠ 바다와 갯벌, 모래사장이 있어요.
> ㉡ 숲이 울창해 경치가 좋아요.
> ㉢ 사람들이 곡식과 과일을 재배하고, 가축을 길러요.
> ㉣ 사람들이 물고기를 잡거나 김, 미역 등을 따며 생활해요.

(,   )

04 촌락에 대한 설명이 맞으면 '예', 틀리면 '아니요'에 ○ 하세요.

(1) 높은 건물과 사람이 많아요.

| 예 | 아니요 |

(2) 교통수단이 많지 않아요.

| 예 | 아니요 |

(3) 편의 시설이 많아요.

| 예 | 아니요 |

(4) 문화 시설이 부족해요.

| 예 | 아니요 |

경제 사람이 살아가는 데 필요한 물자를 만들고 쓰는 모든 활동.

대중교통 버스나 지하철과 같이 여러 사람이 이용하는 교통. 또는 교통수단.

매연 공기 중의 오염 물질로 연료가 탈 때 나오는, 그을음이 섞인 검은 연기.

여가 일을 하지 않는 시간. 또는 일을 하는 중간에 생기는 여유로운 시간.

정치 국가의 권력을 유지하며 나라를 다스리는 일.

폐수 공장이나 광산 등에서 쓰고 난 뒤에 버리는 더러운 물.

01 낱말의 뜻을 찾아 선으로 이으세요.

(1) 매연 •

(2) 폐수 •

(3) 대중교통 •

• ㉠ 버스나 지하철과 같이 여러 사람이 이용하는 교통. 또는 교통수단.

• ㉡ 공장이나 광산 등에서 쓰고 난 뒤에 버리는 더러운 물.

• ㉢ 공기 중의 오염 물질로 연료가 탈 때 나오는, 그을음이 섞인 검은 연기.

02 낱말의 뜻을 바르게 말한 아이를 모두 찾아 이름에 ○ 하세요.

예은 '경제'는 사람이 살아가는 데 필요한 물자를 만들고 쓰는 모든 활동을 말해.

소민 '여가'는 사람이나 동식물이 살아 있는 기간을 말해.

기훈 '정치'는 국가의 권력을 유지하며 나라를 다스리는 일을 말해.

03 빈 곳에 알맞은 낱말을 보기 에서 찾아 쓰세요.

보기   경제   매연   정치   여가   폐수   대중교통

(1) 사람들이 버스나 지하철 같은 _____ 을 이용하면 도로가 덜 막힐 거예요.

(2) 공장 굴뚝에서 나오는 _____ 때문에 공기가 나빠졌어요.

(3) 삼촌은 _____ 시간이 생길 때마다 등산을 해요.

(4) 강에 _____ 를 버리는 것은 우리가 먹을 물을 오염시키는 것과 같아요.

(5) 올해는 수출이 늘면서 나라의 _____ 가 좋아지고 있어요.

(6) 좋은 정치인은 국민을 위하는 _____ 를 하는 사람이에요.

많은 사람이 모여 사는 도시

도시 하면 어떤 모습이 떠오르나요? 높은 빌딩과 많은 사람, 차들로 꽉 찬 도로가 떠오를 거예요. '도시'는 사람이 많이 모여 살고 사회, 정치, 경제 활동의 중심이 되는 곳을 말해요. 우리나라에서는 인구 5만 명 이상이 되는 지역을 도시로 지정하고 있으며, 우리나라 인구의 90퍼센트 이상이 도시에 살지요.

도시에는 높은 건물이 많고, 회사나 공장도 많아요. 또 버스나 지하철 같은 대중교통이 발달했고, 크고 작은 도로들이 복잡하게 연결되어 있지요. 시청, 법원 같은 공공 기관과 대형 마트, 백화점 같은 편의 시설이 많아 사람들이 편하게 생활할 수 있고, 영화관, 박물관, 공연장 같은 문화 시설이 많아 여가를 즐기기에도 좋아요.

도시에 사는 사람들은 다양한 일을 하며 살아요. 도시 사람들은 주로 회사에 다니거나 공장에서 물건을 만드는 일을 해요. 또 물건이나 음식을 팔거나 병원이나 은행에서 일하는 등 사람들이 편하게 생활하도록 도와주는 일도 하지요.

많은 사람이 도시에 모여 살다 보니 도시에는 여러 가지 문제가 생기고 있어요. 인구에 비해 사람들이 살 집이 부족하고, 집값도 점점 올라가 집을 구하기 어려워요. 또 자동차가 많아 도로가 자주 막히고, 차를 세워 둘 공간도 늘 부족하지요. 공장에서 나오는 폐수, 자동차에서 나오는 매연, 늘어나는 생활 쓰레기 등으로 인해 환경 오염도 심각해지고 있답니다.

▲ 도시

도시에는 밤에도 일하거나 활동하는 사람이 많아서, 도시의 밤은 환해.

01 사람이 많이 모여 살고 사회, 정치, 경제 활동의 중심이 되는 곳을 무엇이라고 하는지 쓰세요.

02 도시의 특징이 <u>아닌</u> 것을 고르세요. (   )

① 사람이 많이 모여 살아요.

② 회사나 공장, 높은 건물이 많아요.

③ 버스나 지하철 같은 대중교통이 발달했어요.

④ 편의 시설이 적어 생활이 불편해요.

03 도시 사람들이 하는 일에는 ○, 하지 않는 일에는 ✕ 하세요.

⑴ 논과 밭에서 농사를 지어요.   (   )

⑵ 공장에서 물건을 만들어요.   (   )

⑶ 물건이나 음식을 팔아요.   (   )

⑷ 산에서 나무를 키우고 약초를 캐요.   (   )

04 도시에 생기는 문제에 대한 글을 읽고, 알맞은 말에 ○ 하세요.

⑴ 인구에 비해 살 집이 부족하고 집값이 점점 (올라가요 | 내려가요).

⑵ 자동차가 많아 도로가 자주 (뚫리고 | 막히고) 차를 세워 둘 공간이 부족해요.

⑶ 공장 (폐수 | 식수), 자동차 매연, 생활 쓰레기 때문에 환경 오염이 심각해요.

어휘

공산품 공장에서 사람의 손이나 기계로 만들어 내는 물건.

신발, 라면 같은 공산품 가격이 다 올라서 걱정이네.

다 오른다니, 제 용돈도 올려 주세요!

교류 서로 다른 개인, 지역, 나라 사이에서 물건, 문화, 기술 등을 서로 주고받음.

우리 마을과 이웃 어촌은 서로의 마을에서 나는 물건을 싼값에 주고받기로 했어요.

어촌과 교류하니 좋네!

직거래 물건을 팔 사람과 살 사람이 중간에 상인을 거치지 않고 직접 거래함.

와, 과일값과 채솟값이 엄청 싸다!

농민이 농산물을 직접 파는 직거래 장터라서 그래.

체험 몸으로 직접 겪음. 또는 그런 경험.

너 여기서 뭐 해?

자연을 체험하는 중이야.

특산물 어떤 지역에서 특별히 생산되는 물건.

울릉도 특산물인 오징어 좀 먹어 봐. 아주 맛있어.

안 돼. 이가 아파 치료 중이야.

휴양지 편안히 쉬면서 건강을 잘 돌보기에 알맞은 곳.

휴양지에 있으니 몸도 마음도 편안해지는군.

01 낱말의 뜻을 보기 에서 찾아 기호를 쓰세요.

보기

㉠ 몸으로 직접 겪음. 또는 그런 경험.

㉡ 편안히 쉬면서 건강을 잘 돌보기에 알맞은 곳.

㉢ 어떤 지역에서 특별히 생산되는 물건.

㉣ 물건을 팔 사람과 살 사람이 중간에 상인을 거치지 않고 직접 거래함.

㉤ 공장에서 사람의 손이나 기계로 만들어 내는 물건.

㉥ 서로 다른 개인, 지역, 나라 사이에서 물건, 문화, 기술 등을 서로 주고받음.

(1) 직거래 (   )   (2) 공산품 (   )   (3) 교류 (   )

(4) 체험 (   )   (5) 휴양지 (   )   (6) 특산물 (   )

02 ☐ 안에서 알맞은 낱말을 골라 ○ 하세요.

(1) 우리 지역의 | 특산물 수산물 | 인 곶감은 달고 쫀득하기로 유명해요.

(2) 농민들이 인터넷을 통해 농산물을 | 직계 직거래 | 로 싸게 팔고 있어요.

(3) 가을에는 사람들이 단풍을 보러 강원도에 있는 | 훈련소 휴양지 | 를 많이 찾아요.

03 밑줄 친 낱말이 바르게 쓰인 것을 모두 찾아 ✔ 하세요.

(1) 어제 이천 도자기 마을에 가서 도자기 굽는 것을 **체험**했어요.

(2) 바다에서 난 싱싱한 **공산품**이 사람들에게 인기가 많아요.

(3) 우리나라는 세계 여러 나라와 문화를 **교류**하고 있어요.

서로 교류하며 발전하는 촌락과 도시

촌락과 도시는 긴밀하게 연결되어 있어요. 촌락은 곡식, 채소, 생선, 고기 같은 식량을 도시 사람들에게 제공해요. 또 공장에서 물건을 만드는 데 필요한 재료와 도시 사람들이 쉴 수 있는 휴양지도 제공하지요. 반면에 도시는 공장에서 만든 자동차, 전자 제품, 신발, 라면 같은 공산품을 촌락에 제공하고, 다양한 편의 시설과 문화 시설도 제공해요. 이처럼 촌락과 도시는 서로 도움을 주고받는 관계에 있어요.

촌락과 도시는 서로에게 부족한 것을 채우기 위해 다양한 형태로 교류해요. 어떻게 교류하는지 살펴볼까요?

촌락과 도시는 농수산물 직거래 장터를 통해 교류해요. 촌락 사람들은 촌락에서 생산한 곡식, 채소, 과일, 생선 등을 직거래 장터에서 직접 판매해요. 이를 통해 도시 사람들은 좋은 농수산물을 싼값에 살 수 있어서 좋고, 촌락 사람들은 농수산물을 제값에 팔 수 있어서 좋지요.

촌락과 도시는 주말농장을 통해서도 교류해요. 촌락 사람들은 노는 땅을 도시 사람들에게 돈을 받고 빌려주는 주말농장을 운영해요. 도시 사람들은 주말농장에서 곡식이나 과일, 채소 등을 얻고, 농사일을 하면서 자연을 체험할 수 있어요.

촌락과 도시는 지역 축제를 통해 교류해요. 촌락 사람들은 지역의 자연환경이나 특산물을 이용한 축제를 열어 고장의 자연과 문화를 알리고, 관광객에게서 돈을 벌어들여요. 도시 사람들은 지역 축제에 참여해 다양한 체험을 하며 여가를 즐겁게 보내지요.

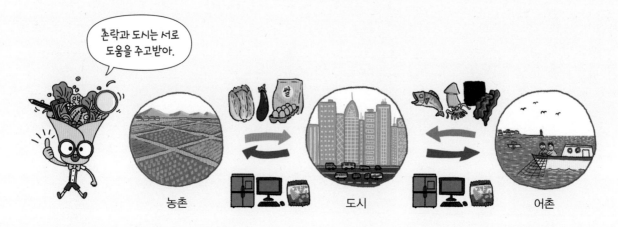

01 촌락이 도시에 제공하는 것을 모두 찾아 ○ 하세요.

식량   공산품   물건을 만드는 재료

편의 시설   휴양지   문화 시설

02 촌락과 도시가 교류하는 형태를 틀리게 말한 친구를 찾아 ○ 하세요.

주말농장을 통해 교류해.
빵이

아파트 건설을 통해 교류해.
꽈리

농수산물 직거래 장터를 통해 교류해.
소라

지역 축제를 통해 교류해.
롱이

03 농수산물 직거래 장터를 통해 도시 사람들이 얻는 좋은 점을 고르세요. (   )

① 농수산물을 제값에 팔 수 있어요.

② 좋은 농수산물을 싼값에 살 수 있어요.

③ 자연을 체험할 수 있어요.

④ 여가 생활을 즐길 수 있어요.

04 지역 축제를 통한 촌락과 도시의 교류에 대해 바르게 말한 아이를 모두 찾아 이름을 쓰세요.

(,   )

• 예지: 촌락에서는 지역 축제를 통해 고장의 자연과 문화를 알려.

• 민수: 도시 사람들은 지역 축제를 통해 돈을 벌어.

• 도영: 촌락 사람들은 관광객에게서 공산품을 싸게 사들여.

• 아인: 도시 사람들은 지역 축제에 참여해 다양한 체험을 하며 여가를 보내.

어휘

맞벌이 부부가 둘 다 직업을 가지고 돈을 벎.
또는 그런 일.

복지 편안하고 행복하게 사는 삶.

부양 수입이 없어서 혼자 생활하기 어려운
사람을 돌봄.

소외 어떤 무리에서 멀리하거나 따돌림.

의학 사람의 질병을 치료하고 예방하는
방법이나 이론, 기술 등을 연구하는 학문.

출산율 아기를 낳는 비율.

01 뜻에 알맞은 낱말을 찾아 선으로 이으세요.

(1) 아기를 낳는 비율. ● ● ㉠ 출산율

(2) 편안하고 행복하게 사는 삶. ● ● ㉡ 맞벌이

(3) 부부가 둘 다 직업을 가지고 돈을 범. 또는 그런 일. ● ● ㉢ 복지

02 뜻에 알맞은 낱말을 보기 에서 찾아 쓰세요.

보기	의학	소외	부양

(1) 수입이 없어서 혼자 생활하기 어려운 사람을 돌봄. ┈┈┈┈┈┈

(2) 어떤 무리에서 멀리하거나 따돌림. ┈┈┈┈┈

(3) 사람의 질병을 치료하고 예방하는 방법이나 이론, 기술 등을 연구하는 학문. ┈┈┈┈

03 ( ) 안에서 알맞은 낱말을 골라 ○ 하세요.

(1) 의대에 다니는 오빠 방에는 (의학 | 법학)과 관련된 책이 많아요.

(2) 우리 가족은 사회에서 (소개 | 소외)된 이웃을 돕는 일에 참여했어요.

(3) 그는 늙은 부모와 어린 자녀를 (부양 | 부인)하느라 열심히 일했어요.

(4) 아이를 낳는 사람들이 줄어들어 (취업률 | 출산율)이 점점 낮아지고 있어요.

(5) 요즘에는 부부가 모두 직업을 가진 (외벌이 | 맞벌이) 부부가 많아요.

(6) 우리 회사는 사원들의 (복지 | 정치)를 위해 무료로 식당을 운영해요.

낮은 출산율과 빨라진 고령화

요즘 우리 사회는 저출산과 고령화 문제를 겪고 있어요. 저출산은 아이를 적게 낳아 태어나는 아기의 수가 줄어드는 현상이에요. 고령화는 전체 인구 중 65세 이상인 노인 인구의 비율이 높아지는 현상이지요.

예전에는 한 가정에서 아이를 여러 명 낳았지만, 아이를 낳는 비율이 점점 감소해 요즘은 가정당 아이를 1명 정도밖에 낳지 않아요. 이렇게 태어나는 아이의 수가 줄어드는 반면에 노인 인구는 점점 늘고 있어요. 생활 환경이 좋아지고 의학이 발달해 예전에는 고치지 못하던 병을 치료하게 되면서 사람의 수명이 늘어났기 때문이지요. 노인은 많아졌는데 출산율이 낮으니 전체 인구에서 노인이 차지하는 비율이 증가해 우리나라는 고령화 사회가 되었지요.

저출산과 고령화가 계속되면 젊은 사람이 줄어들어 일할 사람이 부족해 나라 경제가 어려워져요. 또 젊은 사람들이나 나라가 노인을 부양해야 하는 부담이 커지게 되지요.

그러면 이러한 문제를 해결하기 위해 어떻게 해야 할까요? 저출산 문제를 해결하기 위해서는 먼저 사람들이 걱정 없이 아이를 낳아 기를 수 있게 다양한 지원을 해야 해요. 아이를 기르고 가르치는 데 드는 돈을 지원해 주고, 맞벌이 부부가 안심하고 아이를 맡길 수 있는 시설을 늘려야 해요. 또 어린 자녀를 키우는 동안 직장을 쉬게 해 주는 육아 휴직 제도를 늘려야 해요.

고령화 문제를 해결하기 위해서는 일할 수 있는 노인들에게 일자리를 마련해 주어야 해요. 노인을 위한 병원과 복지 제도를 늘리고, 노인들이 사회에서 소외되지 않도록 평생 교육을 해 주어야 해요.

01 우리 사회에서 겪고 있는 어떤 문제에 대한 설명인지 쓰세요.

(1) 아이를 적게 낳아 태어나는 아기의 수가 줄어드는 현상.

(2) 전체 인구 중 65세 이상인 노인 인구의 비율이 높아지는 현상.

02 우리나라가 고령화 사회가 된 까닭을 모두 고르세요. (　　　　, 　　　　)

① 아이를 적게 낳기 때문이에요.

② 아이를 많이 낳기 때문이에요.

③ 노인들이 일을 하지 않기 때문이에요.

④ 노인의 수명이 늘어나 노인 인구가 많아졌기 때문이에요.

03 저출산 문제를 해결하기 위한 노력이 맞으면 ○, 틀리면 ✕ 하세요.

(1) 아이를 기르고 가르치는 데 드는 돈을 지원해 주어요. 　　　(　　　)

(2) 육아 휴직 제도를 늘려요. 　　　(　　　)

(3) 맞벌이 부부에게 취업 교육을 해 주어요. 　　　(　　　)

(4) 맞벌이 부부가 안심하고 아이를 맡길 수 있는 시설을 늘려요. 　　　(　　　)

04 고령화 문제 해결에 대한 글을 읽고, 알맞은 말에 ○ 하세요.

고령화 문제를 해결하기 위해서는 노인들에게 (휴양지 | 일자리)를 마련해 주어야

해요. 또 노인을 위한 (병원 | 은행)과 복지 제도를 늘리고, 노인들에게 평생

(교육 | 여행)을 해 주어야 해요.

뜻에 알맞은 낱말을 찾아 색칠하고, 나타난 그림의 이름을 말해 보세요.

① 배우자가 없이 혼자 사는 것. 또는 그런 사람.

② 바닷물이 빠졌을 때에 드러나는 넓은 진흙 벌판.

③ 집을 짓거나 가구를 만드는 데 쓰는 나무 재료.

④ 일을 하지 않는 시간. 또는 일을 하는 중간에 생기는 여유로운 시간.

⑤ 공장이나 광산 등에서 쓰고 난 뒤에 버리는 더러운 물.

⑥ 공장에서 사람의 손이나 기계로 만들어 내는 물건.

⑦ 어떤 지역에서 특별히 생산되는 물건.

⑧ 편안하고 행복하게 사는 삶.

⑨ 수입이 없어서 혼자 생활하기 어려운 사람을 돌봄.

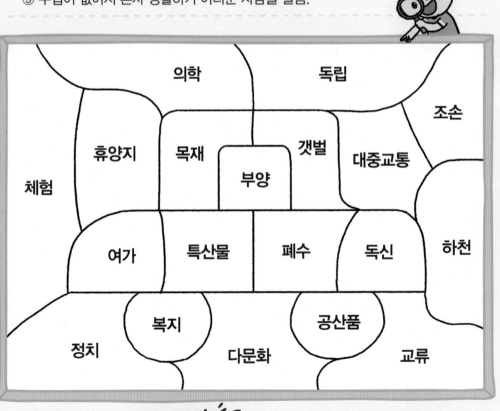

글의 내용이 맞으면 ○, 틀리면 ✕ 하세요.

옛날에는
핵가족이 많았어요.

촌락에는 농촌, 어촌,
산지촌이 있어요.

촌락에는 일자리가 많아
젊은 사람들이 몰려들어요.

도시는 대중교통이
발달했고,
편의 시설이 많아요.

촌락은 공장에서 물건을
만드는 데 필요한 재료를
제공해요.

도시에는 아파트가
많아 집을 싸게
구할 수 있어요.

도시 사람들은
주말농장에서 농사일을
하면서 자연을 체험할 수
있어요.

저출산은 태어나는 아기의
수가 많아지는 현상을
말해요.

고령화 문제를 해결하기
위해서는 노인들에게
일자리를 마련해 주어야
해요.

더불어 사는 세상, 함께하는 문화

　현재 우리나라에 거주하는 외국인 중에는 외국인 근로자와 결혼 이민자, 그들이 이룬 가정에서 태어난 자녀가 많다. 그런데 그들 중 대부분은 문화가 다른 낯선 곳에 와서 살아가는 데 많은 어려움을 겪고 있다. 그들이 한국 생활에서 겪는 어려움 가운데 대표적인 것은 언어 문제 때문에 생기는 것이다. 언어가 통하지 않으니 한국인들과 원만하게 어울리기가 어렵고, 사회 활동에서 불이익을 당하는 경우도 있다.

(중략)

　다문화 가정의 자녀는 언어 때문에 더 큰 어려움을 겪는 경우가 많다. 한국어가 서툰 부모 밑에서 자란 아이들은 한국어 발음이 정확하지 않거나 언어 표현 능력이 부족할 수 있다. 그들의 한국어 능력이 일상생활에서 한국어로 말하는 데 지장을 줄 정도는 아니라고 하지만, 국어에 대한 기초 학력이 부족한 경우에는 학교 수업을 받는 데 큰 어려움이 따른다. 언어 능력의 부족은 낮은 학업 성취도로 이어지기도 한다. 이런 이유들 때문에 다문화 가정의 자녀들은 학교에서 차별을 받거나 친구들과 잘 어울리지 못해서 마음의 상처를 받기도 한다.

　언어 문제 때문에 겪는 어려움도 크지만, 한국인들의 차별 때문에 겪는 어려움은 그보다 더 크다고 할 수 있다. 그들은 피부색이 다르다는 이유로, 문화가 다르다는 이유로, 한국어가 서툴다는 이유로 한국 사람들에게 차별을 받는다고 느낀다. 부모 중 한 사람이 외국인인 아이들의 경우 84.3퍼센트가 한국 사람들로부터 차별을 받는다고 느낀다는 조사 결과도 있다. 한국인을 대상으로 한 조사에서도 이주민들이 차별을 받고 있다고 생각하는 사람이 절반이 넘는 것을 보면, 이주민에 대한 차별이 매우 심각하다는 것을 알 수 있다.

강현화, 「더불어 사는 세상, 함께하는 문화」, 천재교육

01 무엇에 대해 쓴 글인지 찾아 ○ 하세요.

이주민들의
한국 사랑

이주민들의
교육

이주민들이
겪는 어려움

이주민들이
가진 능력

02 우리나라에 온 이주민들이 어떤 어려움을 겪고 있다고 했는지 맞는 것을 모두 고르세요.

(,   )

① 언어 문제로 생기는 어려움   ② 일자리 문제로 생기는 어려움

③ 한국 문화 적응에 대한 어려움   ④ 한국인들의 차별로 인한 어려움

03 이주민들이 한국 사람들에게 차별을 받는 이유를 <u>틀리게</u> 말한 친구를 찾아 ○ 하세요.

피부색이 다르기
때문이야.
소라

키가 크기
때문이야.
꽈리

문화가 다르기
때문이야.
또띠

한국어가 서툴기
때문이야.
핫또야

어휘 풀이

• **이민자** 자기 나라를 떠나서 다른 나라로 가서 사는 사람.

• **불이익** 이익이 되지 않고 손해가 됨.

• **서툴다** 어떤 것에 익숙하지 않거나 잘하지 못하다.

• **지장** 일에 나쁜 영향을 주거나 방해가 되는 장애.

• **성취도** 목적한 것을 이룬 정도.

• **차별** 둘 이상을 차등을 두어 구별함.

• **이주민** 다른 곳으로 옮겨 가서 사는 사람. 또는 다른 곳에서 옮겨 와서 사는 사람.

3주 지리 1

1일

어휘 | 기호, 낯설다, 방위, 방위표, 안내도, 지형도
독해 | 약속에 따라 그린 지도

2일

어휘 | 경사, 급하다, 높낮이, 목적지, 완만하다, 해수면
독해 | 어떻게 지도를 읽을까?

3일

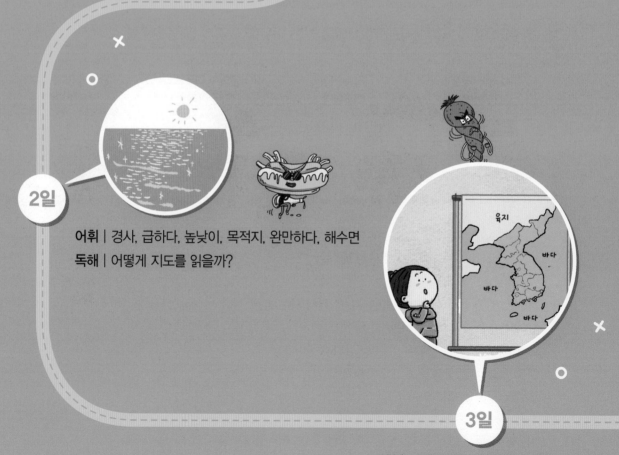

어휘 | 간섭, 대륙, 반도, 영토, 주권, 허가
독해 | 우리나라의 영역은 어디까지일까?

5일

어휘 | 기름지다, 단조롭다, 산줄기, 산지, 평야, 평평하다
독해 | 우리나라 땅은 어떻게 생겼을까?

4일

어휘 | 봉우리, 정복, 천연기념물, 철새, 해조류, 화산
독해 | 작지만 소중한 우리 땅, 독도

6일

복습

기호 어떤 뜻을 나타내기 위해 쓰는 여러 가지 표시.

낯설다 전에 보거나 듣거나 경험한 적이 없어 익숙하지가 않다.

방위 동서남북을 기준으로 한 어떤 쪽의 위치.

방위표 지도에서 동서남북의 방향을 알려 주는 표시.

안내도 안내하는 내용을 자세하게 그린 지도.

지형도 땅의 모양, 땅 위에 있는 사물 등을 정확하고 자세하게 그린 지도.

01 뜻에 알맞은 낱말이 되도록 글자를 모두 찾아 ○ 하세요.

(1) 동서남북을 기준으로 한 어떤 쪽의
위치.

| 방 | 강 | 수 | 위 | 이 |

(2) 지도에서 동서남북의 방향을 알려
주는 표시.

| 운 | 방 | 유 | 위 | 표 |

(3) 땅의 모양, 땅 위에 있는 사물 등을
정확하고 자세하게 그린 지도.

| 지 | 정 | 형 | 항 | 도 |

(4) 전에 보거나 듣거나 경험한 적이
없어 익숙하지가 않다.

| 낯 | 설 | 낮 | 다 | 기 |

02 (   ) 안에서 알맞은 낱말을 골라 ○ 하세요.

(1) (기호 | 방위)는 어떤 뜻을 나타내기
위해 쓰는 여러 가지 표시예요.

(2) (지형도 | 안내도)는 안내하는
내용을 자세하게 그린 지도예요.

03 빈 곳에 알맞은 낱말을 보기 에서 찾아 쓰세요.

보기   방위   기호   안내도   낯설게   방위표   지형도

(1) 지도에서는 산, 강, 학교 등을 간단한 _____로 나타내요.

(2) 옛날에 뱃사람들은 _____를 알기 위해 나침반을 가지고 다녔어요.

(3) 이사를 간 동네에서는 모든 것이 아직 _____ 느껴져요.

(4) 지도에서는 동서남북의 방향을 주로 '4' 자 모양의 _____로 나타내요.

(5) 마을의 _____를 보면 마을의 땅 모양을 알 수 있어요.

(6) 특산물 _____를 보면 각 지역의 특산물을 한눈에 알 수 있어요.

약속에 따라 그린 지도

우리는 낯선 곳에 갈 때 주로 지도를 이용해요. 지도를 보면 길을 쉽게 찾을 수 있거든요. '지도'는 위에서 내려다본 땅의 실제 모습을 일정한 형식으로 줄여서 나타낸 그림이에요. 땅의 모습을 아무렇게나 줄여서 그린다고 모두 지도가 되는 것은 아니에요. 정해진 약속에 따라 그려야 하지요.

지도를 그릴 때는 땅 위에 있는 건물이나 장소 등을 약속된 간단한 기호로 나타내요. 예를 들어 산은 ▲, 학교는 ⬛, 다리는 ⤫로 표시하지요. 실제 건물과 장소를 그대로 그려 넣으면 지도가 복잡해져서 알아보기 힘들기 때문이에요.

지도를 그릴 때는 땅을 일정한 비율로 줄여서 그리고, 실제의 거리를 얼마나 줄였는지를 지도에 나타내야 해요. 또 동서남북의 방향을 알려 주는 방위도 표시해야 하지요. 방위는 보통 지도의 오른쪽 위에 4방위표와 8방위표로 나타내요.

▲ 4방위표

▲ 8방위표

지도는 쓰임에 따라 크게 일반도와 주제도로 나눌 수 있어요. 일반도는 땅의 모양, 강, 도로, 건물 등 여러 정보를 종합적으로 나타낸 지도예요. 지형도, 마을 지도, 세계 지도 등이 일반도이지요. 주제도는 주제와 관련된 것만 골라서 자세하게 그린 지도예요. 주제도에는 안내하는 내용을 자세히 표시해 놓은 안내도, 교통과 관련된 내용을 표시한 교통 지도, 지하철역의 순서를 나타내는 지하철 노선도 등이 있지요.

지도는 종류가 아주 다양하므로 때에 따라 쓰임에 맞는 지도를 잘 선택해야 지도를 제대로 활용할 수 있답니다.

제주도의 유명 관광지를 표시해 놓은 관광 안내도야.

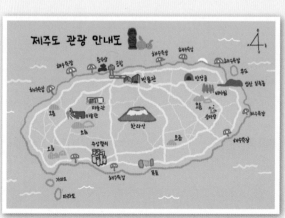

01 지도에 대한 글을 읽고, 알맞은 말에 ○ 하세요.

지도는 위에서 내려다본 (**땅** | **바다**)의 실제 모습을 일정한 형식으로
(**늘여서** | **줄여서**) 나타낸 그림이에요.

02 지도에 대한 설명으로 <u>틀린</u> 것을 고르세요. (   )

① 정해진 약속에 따라 그려요.

② 땅 위의 건물과 장소가 실제 모습과 똑같이 그려져 있어요.

③ 실제 거리를 얼마나 줄였는지를 나타내요.

④ 방향을 알려 주는 방위를 표시해요.

03 친구들이 설명하는 지도의 이름을 쓰세요.

주제와 관련된 것만 골라서 자세하게 그린 지도야.

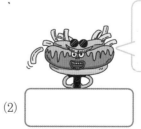

땅의 모양, 강, 도로, 건물 등 여러 정보를 종합적으로 나타낸 지도야.

(1) [   ]   (2) [   ]

04 일반도와 주제도를 보기 에서 모두 찾아 기호를 쓰세요.

보기	㉠ 관광 안내도	㉡ 지형도	㉢ 교통 지도
	㉣ 세계 지도	㉤ 마을 지도	㉥ 지하철 노선도

(1) 일반도 (,   ,   )   (2) 주제도 (,   ,   )

경사 바닥이 평평하지 않고 기울어진 부분. 또는 그런 상태나 정도.

급하다 경사나 기울기가 가파르다.

높낮이 높고 낮음. 또는 높거나 낮은 정도.

목적지 가려고 하는 곳.

완만하다 기울어진 상태나 정도가 가파르지 않다.

해수면 바닷물의 표면.

64

01 낱말의 뜻을 바르게 설명한 것을 모두 찾아 ✔ 하세요.

(1) '높낮이'는 높고 낮은 것 또는 높거나 낮은 정도를 말해요. ☐

(2) '목적지'는 어디를 향해 떠나는 장소를 말해요. ☐

(3) '해수면'은 바닷물의 표면을 말해요. ☐

(4) '경사'는 바닥이 평평하지 않고 기울어진 부분 또는 그런 상태나
정도를 말해요. ☐

(5) '급하다'는 경사나 기울기가 가파른 것을 말해요. ☐

(6) '완만하다'는 바닥이 고르고 판판한 것을 말해요. ☐

02 빈 곳에 알맞은 낱말을 보기 에서 찾아 쓰세요.

보기

경사

해수면

높낮이

(1) 남극의 빙하가 녹아서 _____ 이 점점 높아지고 있어요.

(2) 저 산은 산꼭대기 쪽의 _____ 가 가팔라서 조심히 올라야 해요.

(3) 이 노래는 음의 _____ 차이가 커서 부르기 힘들어요.

03 빈칸에 알맞은 낱말을 찾아 선으로 이으세요.

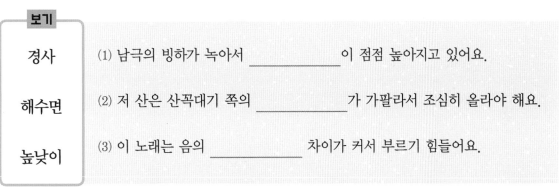

(1) 어제 다녀온 산은 기울기가 ☐ 오르기가 쉬웠어. •   • ㉠ 급해서

(2) 내 차로 ☐ 까지 편하고 안전하게 데려다줄게. •   • ㉡ 완만해서

(3) 오르막길의 경사가 ☐ 헉헉거리며 겨우 올라왔어. •   • ㉢ 목적지

어떻게 지도를 읽을까?

지도를 보고 길을 찾으려면 지도를 읽을 수 있어야 해요. 지도를 읽는 데 알아야 할 것들을 살펴볼까요?

먼저 방위를 알아야 해요. 방위를 모르면 목적지와 다른 방향으로 갈 수 있기 때문이지요. 방위는 방위표를 보고 확인해요. 방위표가 없는 지도도 있는데, 그런 경우에는 위쪽이 북쪽, 아래쪽이 남쪽, 오른쪽이 동쪽, 왼쪽이 서쪽이 되지요.

기호의 뜻도 알아야 해요. 대부분 지도는 한쪽에 지도에 쓰인 기호와 그 뜻을 정리한 범례가 있어요. 지도마다 사용하는 기호가 다를 수 있기 때문에 범례가 필요하지요. 범례를 살펴보면 지도에 쓰인 기호의 뜻을 쉽게 파악할 수 있어요.

또 실제 거리를 지도로 나타낼 때 얼마나 줄였는지를 알아야 해요. 지도에서 실제 거리를 줄인 정도를 '축척'이라고 해요. 축척은 └─────┘500m 와 같이 표시하거나 1:50,000 같은 비율로 표시해요. 축척이 1:50,000이라는 것은 지도의 1cm가 실제 거리로는 50,000cm, 즉 500m라는 뜻이지요.

마지막으로 등고선과 색깔이 뜻하는 것을 알아야 해요. 등고선과 색깔의 의미를 알면 땅의 높낮이를 알 수 있지요. '등고선'은 해수면을 기준으로 높이가 같은 곳을 연결한 선이에요. 등고선의 간격이 좁은 곳은 경사가 급하고, 등고선의 간격이 넓은 곳은 경사가 완만해요. 또 땅의 높이가 낮은 곳은 초록색으로 나타내고, 높이가 높아질수록 노란색, 갈색, 고동색 순서로 나타내지요.

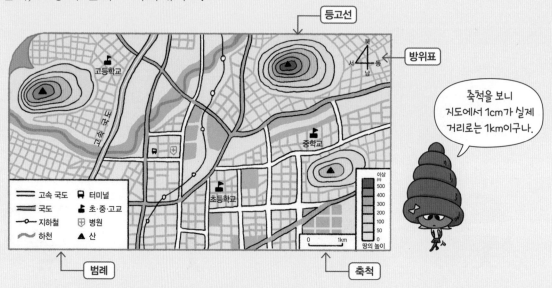

01 방위에 대한 글을 읽고, 빈 곳에 알맞은 말을 쓰세요.

(1) 지도에서 방위는 _____를 보고 확인해요.

(2) 지도에 방위표가 없으면 위쪽이 북쪽, 아래쪽이 _____, 오른쪽이

_____, 왼쪽이 서쪽이 되어요.

02 설명에 알맞은 것을 찾아 선으로 이으세요.

(1) 지도에서 실제 거리를 줄인 정도   •   • ㉠ 등고선

(2) 해수면을 기준으로 높이가 같은 곳을 연결한 선   •   • ㉡ 축척

(3) 지도에 쓰인 기호와 그 뜻을 정리한 것   •   • ㉢ 범례

03 지도에서 땅의 높낮이를 나타내는 것을 모두 고르세요. (,   )

① 방위   ② 등고선   ③ 기호   ④ 색깔

04 지도의 등고선과 색깔에 대해 바르게 말한 친구를 모두 찾아 ○ 하세요.

등고선의 간격이 좁은 곳은 경사가 급해. 롱이

등고선의 간격이 넓은 곳은 경사가 급해. 핫또야

땅의 높이가 높은 곳은 파란색으로 나타내. 꽈리

땅의 높이가 낮은 곳은 초록색으로 나타내. 빵이

간섭 직접 관계가 없는 남의 일에 참견함.

대륙 바다로 둘러싸인 크고 넓은 땅.

반도 바다 쪽으로 좁게 튀어나온 삼면이 바다로 둘러싸이고 한 면은 육지에 이어진 땅.

영토 한 국가의 땅.

주권 다른 나라의 간섭 없이 나라의 중요한 일을 스스로 결정하는 권리.

허가 행동이나 일을 할 수 있게 허락함.

01 빈 곳에 알맞은 낱말을 보기 에서 찾아 쓰세요.

보기　　　　땅　　남　　바다　　반도　　주권　　허가

(1) 영토: 한 국가의 _____.

(2) _____ : 다른 나라의 간섭 없이 나라의 중요한 일을 스스로 결정하는 권리.

(3) 대륙: _____로 둘러싸인 크고 넓은 땅.

(4) _____ : 행동이나 일을 할 수 있게 허락함.

(5) _____ : 바다 쪽으로 좁게 튀어나온 삼면이 바다로 둘러싸이고 한 면은 육지에
　　　　　　이어진 땅.

(6) 간섭: 직접 관계가 없는 _____의 일에 참견함.

02 낱말이 들어갈 알맞은 문장을 찾아 선으로 이으세요.

(1) **간섭** •　　• ㉠ 우리나라와 이탈리아는 ☐ 국가예요.

(2) **반도** •　　• ㉡ 우리나라는 아시아 ☐의 동쪽에 있어요.

(3) **대륙** •　　• ㉢ 남의 일에 지나치게 ☐하는 것은 좋지 않아요.

03 밑줄 친 낱말이 바르게 쓰인 것을 모두 찾아 ✓ 하세요.

(1) 두 나라는 서로 **영토**를 차지하려고 전쟁을 벌였어요. ☐

(2) 방학 때 해외여행을 가기 위해 **주권**을 만들었어요. ☐

(3) 산에 있는 나무를 **허가** 없이 함부로 베면 안 돼요. ☐

우리나라의 영역은 어디까지일까?

세계 지도에서 우리나라를 찾아본 적이 있나요? 우리나라는 아시아 대륙의 동쪽에 있는 작은 나라예요. 북쪽은 대륙과 연결되어 있고, 동쪽, 서쪽, 남쪽은 바다로 둘러싸여 있는 반도 국가이지요. 그래서 도로나 철도를 이용해 대륙으로 나갈 수도 있고, 배를 타고 바다로 나가기에도 좋아요. 하지만 지금은 북한에 가로막혀 대륙으로 갈 수는 없지요. 우리나라 주변에는 중국, 일본, 러시아가 있어요.

▲ 우리나라의 영토와 영해

점선으로 표시한 부분이 우리나라의 영해선이야.

그럼 우리 주권이 미치는 범위인 우리나라의 영역은 어디까지일까요? 한 나라의 영역은 땅인 영토와 바다인 영해, 하늘인 영공으로 이루어져요.

우리나라의 영토는 남북한을 포함한 한반도 전체와 한반도에 속한 섬들로 이루어져 있어요. 우리나라 영토의 남쪽 끝은 제주특별자치도 서귀포시에 있는 섬인 마라도이고, 북쪽 끝은 함경북도 온성군에 있는 유원진이라는 마을이에요. 동쪽 끝은 경상북도 울릉군에 있는 독도 동도이고, 서쪽 끝은 평안북도 용천군에 있는 섬인 마안도예요.

영해와 영공은 영토에 따라 정해져요. 우리나라의 영해는 영토 끝이 되는 선을 기준으로 그 선으로부터 12해리(약 22km)까지의 바다예요. 그리고 우리나라의 영공은 우리나라의 영토와 영해 위에 있는 하늘의 범위이지요.

우리나라의 영역 안에서는 다른 나라의 간섭을 받지 않고 우리 스스로 나랏일을 결정할 수 있어요. 또 다른 나라는 우리나라의 영역에 함부로 들어올 수 없지요. 다른 나라의 비행기나 배가 우리나라의 영역에 들어오려면 미리 허가를 받아야 한답니다.

01 우리나라에 대한 설명이 맞으면 '예', 틀리면 '아니요'에 ○ 하세요.

(1) 아메리카 대륙의 동쪽 끝에 있어요.　　　　　| 예 | 아니요 |

(2) 북쪽은 대륙과 연결되어 있어요.　　　　　| 예 | 아니요 |

(3) 삼면이 바다로 둘러싸여 있어요.　　　　　| 예 | 아니요 |

(4) 주변에는 중국, 일본, 러시아가 있어요.　　　| 예 | 아니요 |

02 영역에 대한 글을 읽고, 빈 곳에 알맞은 말을 쓰세요.

> 한 나라의 영역은 영토, _____, 영공으로 이루어져요.

03 우리나라 영토의 끝은 각각 어디인지 찾아 선으로 이으세요.

(1) **동쪽 끝** •　　　　　• ㉠ 마안도

(2) **서쪽 끝** •　　　　　• ㉡ 유원진

(3) **남쪽 끝** •　　　　　• ㉢ 마라도

(4) **북쪽 끝** •　　　　　• ㉣ 독도 동도

04 우리나라의 영토와 영공에 대한 글을 읽고, 알맞은 말에 ○ 하세요.

(1) 우리나라의 영토는 한반도 전체와 한반도에 속한 (섬 | 성)들로 이루어져 있어요.

(2) 우리나라의 영공은 우리나라의 영토와 (영상 | 영해) 위에 있는 하늘의 범위예요.

봉우리 산에서 가장 높이 솟은 부분.

> 헉헉, 저 봉우리까지 가려면 아직 멀었어요?

> 산에 오른 지 30분밖에 안 지났어.

정복 다른 민족이나 나라를 무력으로 쳐서 복종시킴.

> 으하하, 우리가 곧 저 섬나라를 정복할 것이다.

> 저 섬에는 아무도 안 사는데……

천연기념물 자연 가운데 매우 중요하고 특수하여 법으로 정하여 보호하는 것.

> 진돗개는 아주 특별해서 천연기념물로 정해 보호하고 있어.

> 우리 강아지도 특별하니까 천연기념물로 정하면 좋겠다.

철새 계절을 따라 이리저리 옮겨 다니며 사는 새.

> 새들이 떼 지어 어디로 가는 거지?

> 저 새들은 철새라서 따뜻한 남쪽으로 날아가는 거야.

해조류 미역, 김, 다시마 등과 같이 바다에서 나는 식물.

> 미역, 김, 다시마 온통 해조류 반찬이네.

> 해조류가 몸에 좋아. 많이 먹어.

화산 땅속에 있는 가스나 용암이 땅을 뚫고 터져 나오는 것. 또는 그로 인해 생긴 산.

> 저 나라는 또 화산이 폭발했네.

> 큰 피해가 없으면 좋겠어요.

뉴스 속보 / 필리핀 화산 폭발

01 낱말의 뜻을 보기에서 찾아 기호를 쓰세요.

보기

> ㉠ 미역, 김, 다시마 등과 같이 바다에서 나는 식물.
>
> ㉡ 산에서 가장 높이 솟은 부분.
>
> ㉢ 계절을 따라 이리저리 옮겨 다니며 사는 새.
>
> ㉣ 다른 민족이나 나라를 무력으로 쳐서 복종시킴.
>
> ㉤ 자연 가운데 매우 중요하고 특수하여 법으로 정하여 보호하는 것.
>
> ㉥ 땅속에 있는 가스나 용암이 땅을 뚫고 터져 나오는 것. 또는 그로 인해 생긴 산.

(1) 철새 (　　　　)　　　　(2) 화산 (　　　　)　　　　(3) 봉우리 (　　　　)

(4) 해조류 (　　　　)　　　　(5) 정복 (　　　　)　　　　(6) 천연기념물 (　　　　)

02 밑줄 친 낱말의 쓰임이 틀린 것을 찾아 ✓ 하세요.

(1) 할아버지네 밭에서는 감자, 고구마 같은 **해조류**를 기르고 있어요. ☐

(2) 산의 제일 높은 **봉우리**에 구름이 걸린 모습이 참 멋져요. ☐

(3) 일본은 우리나라를 **정복**하려고 했지만 실패했어요. ☐

03 빈칸에 알맞은 낱말을 찾아 선으로 이으세요.

(1) 두루미는 겨울에 우리나라를 찾아오는 ☐예요. ・　　　　・ ㉠ 천연기념물

(2) ☐이 폭발하면 가스와 재가 엄청 많이 나와요. ・　　　　・ ㉡ 화산

(3) 우리나라에서는 수달을 ☐로 정해 보호하고 있어요. ・　　　　・ ㉢ 철새

작지만 소중한 우리 땅, 독도

"울릉도 동남쪽 뱃길 따라 87k 외로운 섬 하나 새들의 고향" 이렇게 시작하는 「독도는 우리 땅」이라는 노래를 들어 본 적이 있나요? 이 노래에 등장하는 독도는 우리나라의 동쪽 끝에 있는 섬이에요. 바다 밑에 있는 화산이 폭발하면서 생긴 화산섬이지요. 독도는 동도와 서도 두 개의 큰 섬과 89개의 작은 바위섬으로 이루어져 있어요. 옛날에는 독도를 멀리서 보면 세 개의 봉우리가 보인다고 해서 '삼봉도'라고도 불렀고, 섬 전체가 바위로 되어 있다 해서 '돌섬', '독섬'이라고 부르기도 했어요.

독도는 삼국 시대에 지금의 울릉도에 있었던 우산국이라는 작은 나라의 땅이었어요. 그런데 512년에 신라의 장군인 이사부가 우산국을 정복하여 신라의 땅이 되면서 우리나라 땅이 되었지요.

독도에는 다양한 바다 생물과 새, 곤충, 식물이 살고 있어요. 독도 주변 바다는 따뜻한 바닷물과 찬 바닷물이 만나는 곳이어서 바다 생물들의 먹이가 풍부해요. 그래서 대구, 명태, 연어 같은 다양한 물고기와 다시마, 미역, 김 같은 해조류가 많이 살지요. 또한 독도는 바다제비, 슴새, 황로 등 다양한 철새들이 쉬어 가는 장소이기도 해요. 특히 독도는 괭이갈매기 보호 구역이기도 하지요.

우리나라는 독도를 천연기념물 제336호로 지정해 보호하고 있어요. 그런데 일본은 1950년대부터 오늘날까지 독도가 자기 나라의 땅이라고 주장하고 있어요. 그래서 우리는 독도가 우리 땅이라는 사실을 전 세계에 알리고, 독도를 일본 땅이라고 잘못 소개한 자료를 찾아 수정을 요구하는 등 독도를 지키려는 다양한 노력을 하고 있답니다.

독도는 우리나라에서 가장 먼저 해가 뜨는 곳이래. 그 모습을 보고 싶어!

▲ 독도

01 독도에 대한 글을 읽고, 빈 곳에 알맞은 말을 쓰세요.

독도는 우리나라의 _____ 끝에 있는 섬이에요. 동도와 _____ 두 개의
큰 섬과 89개의 작은 바위섬으로 이루어져 있어요.

02 독도를 부르는 이름이 <u>아닌</u> 것을 찾아 ○ 하세요.

삼봉도　　　　　　　돌섬　　　　　　　화섬　　　　　　　독섬

03 독도에 대한 설명이 맞으면 ○, 틀리면 ✕ 하세요.

(1) 바다 밑의 화산이 폭발해서 생긴 섬이에요.　　　　　　(　　　)

(2) 고려 시대에 우리나라 땅이 되었어요.　　　　　　(　　　)

(3) 독도 주변 바다에는 다양한 물고기와 해조류가 살아요.　　　　(　　　)

(4) 우리나라에서 천연기념물로 지정해 보호하고 있어요.　　　　(　　　)

04 우리나라가 독도를 지키려고 하는 노력으로 맞는 것을 모두 고르세요. (　　 , 　　)

① 독도에 아무도 들어가지 못하게 해요.

② 전 세계에 독도가 우리 땅이라는 사실을 알려요.

③ 일본의 섬을 우리 땅이라고 주장해요.

④ 독도가 일본 땅이라고 잘못 소개한 자료를 찾아 수정을 요구해요.

기름지다 땅이 영양분이 많다.

> 우아, 벼가 쑥쑥 잘 자라네요.

> 논이 기름져서 농사가 잘된단다.

단조롭다 변화가 없이 단순하고 지루하다.

> 아, 내 하루는 너무 단조로워!

> 내가 단조롭지 않게 해 줄게. 같이 놀자.

산줄기 큰 산에서 갈라져 길게 뻗은 산의 줄기.

> 우리나라의 산줄기를 나타낸 지도야.

> 북쪽에서 남쪽까지 긴 산줄기가 뻗어 있구나!

산지 들이 적고 산이 많은 지대.

> 주말에 공기 좋은 산지로 놀러 갈까?

> 난 산지 싫어요! 바다로 가요.

평야 평평하고 넓은 들.

> 하늘에서 보니 넓은 평야가 바둑판 모양 같아.

평평하다 바닥이 고르고 넓게 퍼져 있다.

> 평평하게 해 놓은 모래밭에 왜 들어간 거야?

> 히히!

01 뜻에 알맞은 낱말이 되도록 보기 에서 글자를 모두 찾아 빈칸에 쓰세요.

보기   산   평   줄   야   기

(1) 평평하고 넓은 들. ┄┄┄┄┄┄┄┄┄┄┄┄┄┄┄┄┄┄┄ ☐☐

(2) 큰 산에서 갈라져 길게 뻗은 산의 줄기. ┄┄┄┄ ☐☐☐

02 낱말에 대한 설명이 맞으면 ○, 틀리면 ✕ 하세요.

(1) '평평하다'는 바닥이 고르고 넓게 퍼져 있다는 뜻이에요.   (   )

(2) '단조롭다'는 변하는 정도가 비할 데 없이 심하다는 뜻이에요.   (   )

(3) '기름지다'는 땅이 영양분이 많다는 뜻이에요.   (   )

(4) '산지'는 들이 많고 산이 적은 지대를 뜻해요.   (   )

03 (   ) 안에 알맞은 낱말을 보기 에서 찾아 기호를 쓰세요.

보기   ㉠ 산지   ㉡ 평야   ㉢ 기름진   ㉣ 산줄기   ㉤ 평평하게   ㉥ 단조로워서

(1) 우리 마을에는 넓은 (   )가 있어서 사람들이 농사를 많이 지어요.

(2) 씨름 선수들이 경기하기 전에 모래밭을 (   ) 다졌어요.

(3) 농부들은 메마른 땅을 농작물이 잘 자라는 (   ) 땅으로 바꾸어 놓았어요.

(4) 이 책은 이야기가 (   ) 읽고 있으니 졸려요.

(5) 나무가 울창한 (   )에는 집들이 띄엄띄엄 있어요.

(6) 높은 산꼭대기에 오르니 길게 뻗은 거대한 (   )가 한눈에 들어왔어요.

우리나라 땅은 어떻게 생겼을까?

우리나라는 어디서든 산을 쉽게 볼 수 있어요. 우리나라 땅의 약 70퍼센트가 산지일 정도로 산이 많기 때문이지요.

우리나라의 산은 비교적 낮고 가파르지 않으며, 높은 산들이 대부분 동쪽에 있어요. 동쪽의 높은 산들은 백두산에서 시작해 금강산, 설악산을 지나 지리산까지 산줄기가 이어지는데, 이것을 '백두 대간'이라고 불러요. 백두 대간이 동쪽에 치우쳐 있어서 우리나라의 땅은 동쪽이 높고 서쪽이 낮은 '동고서저'의 모양이지요.

땅이 동쪽이 높고 서쪽이 낮다 보니 우리나라의 큰 강들은 대부분 동쪽에서 시작해 서쪽으로 흘러요. 물은 높은 곳에서 낮은 곳으로 흐르기 때문이지요.

비교적 평평한 서쪽과 남쪽에는 평야가 많아요. 평야는 강이 끝나는 하류 부분에 있어서 흙이 아주 기름져 농사짓기에 좋지요.

우리나라는 동쪽, 서쪽, 남쪽이 바다로 둘러싸여 있어요. 동쪽 바다는 동해, 서쪽 바다는 서해, 남쪽 바다는 남해라고 부르지요. 바다와 맞닿은 육지 부분을 '해안'이라고 하는데, 동해안은 해안선이 복잡하지 않고 단조로워요. 반면에 서해안과 남해안은 해안선이 들쑥날쑥하며 아주 복잡해요. 동해안에는 모래사장이 넓게 펼쳐진 곳이 많아 해수욕장이 발달했고, 서해안에는 넓은 갯벌이 발달했어요.

우리나라에는 약 3,300개의 섬이 있는데, 대부분 서해와 남해에 몰려 있어요. 우리나라의 섬 중에서 가장 큰 섬은 제주도로, 자연환경이 독특해서 세계 자연 유산으로 지정되어 있어요.

남해는 섬이 많아 다도해라고도 해.

▲ 남해

01 빈칸에 알맞은 말이 차례대로 묶인 것을 고르세요. (   )

- 우리나라는 땅의 약 70퍼센트가 ▢예요.
- 우리나라의 높은 산들은 대부분 ▢에 있어요.

① 평야 – 서쪽   ② 산지 – 남쪽   ③ 산지 – 동쪽   ④ 강 – 동쪽

02 우리나라 땅의 특징을 바르게 말한 친구를 찾아 ○ 하세요.

서고동저야.
소라

북고남저야.
롱이

동고서저야.
또띠

03 동해안과 서해안 중에서 어느 해안에 대한 설명인지 쓰세요.

- 해안선이 복잡해요.
- 넓은 갯벌이 발달했어요.

- 해안선이 단조로워요.
- 해수욕장이 발달했어요.

(1) (   )   (2) (   )

04 우리나라 땅에 대한 설명으로 맞는 것을 모두 고르세요. (,   )

① 큰 강들이 서쪽에서 동쪽으로 흘러요.

② 서쪽과 남쪽에 평야가 많아요.

③ 섬이 약 3,300개 있어요.

④ 동해와 서해에 섬이 몰려 있어요.

 설명하는 낱말이 무엇인지 사다리를 타고 내려가서 만나는 빈칸에 쓰세요.

① 들이 적고 산이 많은 지대를 말해요.

② 미역, 김, 다시마 등과 같이 바다에서 나는 식물을 말해요.

③ 어떤 뜻을 나타내기 위해 쓰는 여러 가지 표시를 말해요.

④ 바다로 둘러싸인 크고 넓은 땅을 말해요.

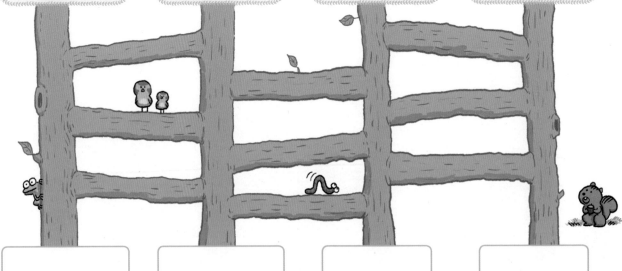

⑤ 변화가 없이 단순하고 지루하다는 뜻이에요.

⑥ 바닥이 고르고 넓게 퍼져 있다는 뜻이에요.

⑦ 기울어진 상태나 정도가 가파르지 않다는 뜻이에요.

⑧ 전에 보거나 듣거나 경험한 적이 없어 익숙하지가 않다는 뜻이에요.

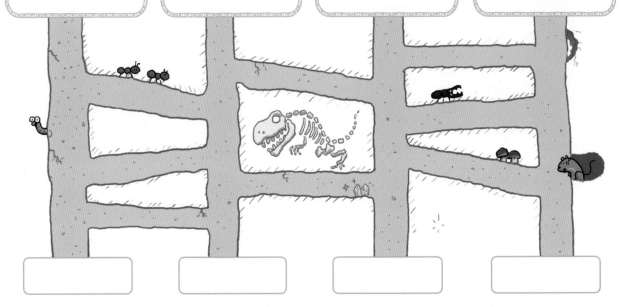

글의 내용이 맞으면 ○, 틀리면 ✕를 각 문제 번호가 쓰인 빙고 판에 표시하세요. 그런 다음 빙고가 모두 몇 개 나왔는지 빈칸에 쓰세요.

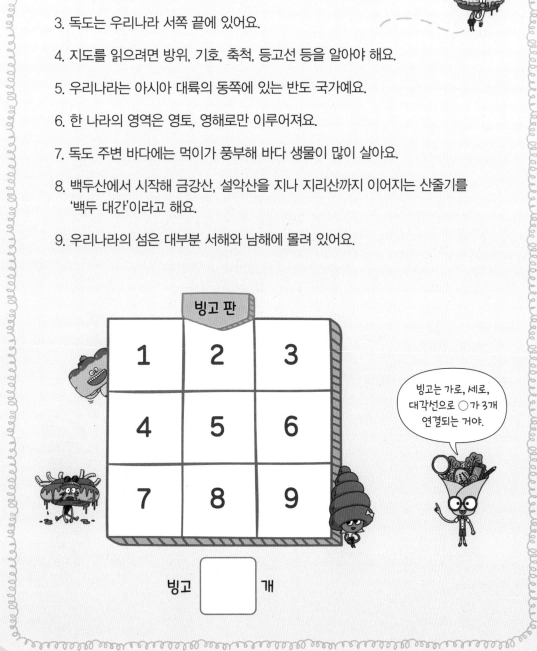

1. 지도는 쓰임에 따라 크게 일반도와 주제도로 나뉘어요.

2. 지도에서 동서남북의 방향을 알려 주는 것은 '축척'이에요.

3. 독도는 우리나라 서쪽 끝에 있어요.

4. 지도를 읽으려면 방위, 기호, 축척, 등고선 등을 알아야 해요.

5. 우리나라는 아시아 대륙의 동쪽에 있는 반도 국가예요.

6. 한 나라의 영역은 영토, 영해로만 이루어져요.

7. 독도 주변 바다에는 먹이가 풍부해 바다 생물이 많이 살아요.

8. 백두산에서 시작해 금강산, 설악산을 지나 지리산까지 이어지는 산줄기를 '백두 대간'이라고 해요.

9. 우리나라의 섬은 대부분 서해와 남해에 몰려 있어요.

빙고 판

1	2	3
4	5	6
7	8	9

빙고는 가로, 세로, 대각선으로 ○가 3개 연결되는 거야.

빙고 ☐ 개

4주 지리 2

1일

어휘 | 건조, 계절풍, 기후, 선선하다, 습기, 습하다
독해 | 사계절이 뚜렷한 우리나라

2일

어휘 | 메마르다, 사막, 산사태, 지진, 집중적, 체온
독해 | 무시무시한 자연재해

3일

어휘 | 기상, 대비, 댐, 첨단, 항구, 해일
독해 | 자연재해를 극복하려는 노력

5일

어휘 | 고원, 국경, 온천, 지하자원, 지형, 초원
독해 | 우리나라와 가까운 이웃 나라들

4일

어휘 | 남극, 면적, 북반구, 남반구, 속하다, 역사
독해 | 지구를 이루는 여섯 개의 대륙

6일

복습
교과서 속 책 읽기

건조 말라서 물기나 습기가 없음.

눈이 건조할 땐 안약!

집 안이 건조할 땐 가습기지!

계절풍 계절에 따라 일정한 방향으로 부는 바람.

헉헉, 너무 더워! 왜 이렇게 더운 거야?

여름에는 남쪽 바다에서 덥고 습한 남동 계절풍이 불어와서 그래.

기후 일정한 지역에서 여러 해에 걸쳐 나타난 평균적인 날씨.

요즘 기후가 이상해. 겨울인데도 춥지가 않아.

전에 살던 서울보다 이사 온 제주도가 따뜻해서 그래.

선선하다 조금 찬 느낌이 들도록 시원하다.

가을이 되어 선선한 바람이 불어서 좋아.

앗!

습기 물기가 있어 축축한 기운.

너 이게 무슨 짓이야?

네 얼굴에 습기가 없어 보여서.

습하다 메마르지 않고 물기가 많아 축축하다.

어제 빤 바지가 아직도 안 말랐네요.

장마철엔 공기가 습해서 빨래가 잘 안 말라.

01 빈 곳에 알맞은 낱말을 보기에서 찾아 쓰세요.

| 보기 | 습기 | 계절 | 날씨 | 선선하다 | 건조 | 축축하다 |

(1) _____ : 물기가 있어 축축한 기운.

(2) 기후 : 일정한 지역에서 여러 해에 걸쳐 나타난 평균적인 _____.

(3) 계절풍 : _____ 에 따라 일정한 방향으로 부는 바람.

(4) 습하다 : 메마르지 않고 물기가 많아 _____.

(5) _____ : 말라서 물기나 습기가 없음.

(6) _____ : 조금 찬 느낌이 들도록 시원하다.

02 낱말이 들어갈 알맞은 문장을 찾아 선으로 이으세요.

(1) 습기 •

(2) 계절풍 •

(3) 기후 •

• ㉠ 요즘은 지구의 온도가 올라가 전 세계적으로 ☐ 가 변하고 있어요.

• ㉡ 하루 종일 비가 와서 집 안에 ☐ 가 많아요.

• ㉢ 우리나라는 겨울에 대륙에서 차갑고 메마른 북서 ☐ 이 불어와요.

03 ☐ 안에서 알맞은 낱말을 골라 ○ 하세요.

(1) 가을에는 날씨가 [건강 | 건조] 해서 산불이 날 위험이 높아요.

(2) 장마철에는 계속 비가 내려 덥고 [습한 | 맑은] 날씨가 계속돼요.

(3) 9월이 되니 무더위가 한풀 꺾이고 아침저녁으로 [무더워요 | 선선해요].

사계절이 뚜렷한 우리나라

우리나라는 봄, 여름, 가을, 겨울 사계절이 뚜렷해요. 봄에는 따뜻하고 건조하며, 여름에는 무덥고 비가 많이 와요. 가을에는 선선하고 바람이 많이 불며, 겨울에는 춥고 눈이 내리지요.

그런데 모든 나라가 우리나라처럼 사계절이 있는 것은 아니에요. 일 년 내내 더운 나라도 있고, 일 년 내내 추운 겨울만 계속되는 나라도 있어요.

우리나라가 사계절이 뚜렷한 이유는 중위도 지방에 있기 때문이에요. 지구의 가운데에 있는 적도 지방과 양 끝에 있는 극지방은 계절에 따라 온도 변화가 크지 않아요. 하지만 적도 지방과 극지방의 사이에 있는 중위도 지방은 계절에 따라 온도 변화가 커서 사계절이 나타나지요.

우리나라는 계절마다 다르게 부는 계절풍의 영향을 받아 사계절의 변화가 더욱 뚜렷해요. 여름에는 북태평양에서 뜨겁고 습기가 많은 남동 내지 남서 계절풍이 불어와 날씨가 덥고 습해요. 겨울에는 시베리아에서 차가운 북서 계절풍이 불어와 날씨가 춥고 건조하지요.

하지만 우리나라의 전 지역이 기후가 똑같은 것은 아니에요. 우리나라는 남북으로 길어서 남쪽과 북쪽의 기온 차이가 크게 나요. 남쪽으로 갈수록 기온이 높고, 북쪽으로 갈수록 기온이 낮아요. 그래서 여름에는 남쪽 지방이 더 덥고, 겨울에는 북쪽 지방이 훨씬 춥지요.

우리나라는 비교적 비가 많이 오는 편인데, 여름에 집중적으로 내려요. 일 년간 내리는 비의 약 70퍼센트가 6월에서 9월 사이에 내린답니다.

우리나라는 중위도에 위치하며, 사계절이 비교적 뚜렷한 온대 기후야.

북극
중위도 지방
적도
중위도 지방
남극

01 우리나라의 날씨에 대한 글을 읽고, 빈 곳에 알맞은 말을 쓰세요.

봄에는 따뜻하고 건조하며, _____에는 무덥고 비가 많이 와요.

_____에는 선선하고 바람이 많이 불며, _____에는 춥고 눈이 내려요.

02 우리나라에 사계절이 나타나는 이유를 모두 고르세요. (,   )

① 중위도 지방에 있기 때문이에요.

② 극지방에 있기 때문이에요.

③ 무역풍의 영향을 받기 때문이에요.

④ 계절풍의 영향을 받기 때문이에요.

03 우리나라의 계절풍에 대한 글을 읽고, 알맞은 말에 ○ 하세요.

우리나라는 (**봄** | **여름**)에는 북태평양에서 남동 내지 남서 계절풍이 불어와
날씨가 덥고 (**건조해요** | **습해요**). 반면에 겨울에는 시베리아에서 차가운
(**북동** | **북서**) 계절풍이 불어와 날씨가 (**춥고** | **선선하고**) 건조해요.

04 우리나라의 기후에 대한 설명이 맞으면 '예', 틀리면 '아니요'에 ○ 하세요.

(1) 우리나라는 사계절이 뚜렷해요.   예 | 아니요

(2) 우리나라는 지역별로 기온 차이가 나지 않아요.   예 | 아니요

(3) 우리나라는 여름에 비가 많이 내려요.   예 | 아니요

메마르다 땅이 물기나 양분이 없어 기름지지 않다.

사막 비가 아주 적게 내려서 동식물이 거의 살지 않고 모래로 뒤덮인 땅.

산사태 큰비나 지진 등으로 산에서 돌과 흙이 한꺼번에 무너져 내리는 일.

지진 땅이 지구 내부의 힘을 받아 흔들리고 갈라지는 현상.

집중적 관심이나 노력 등이 한곳으로 모이는 것.

체온 몸의 온도.

01 뜻에 알맞은 낱말을 찾아 선으로 이으세요.

(1) 관심이나 노력 등이 한곳으로 모이는 것. •   • ㉠ 체온

(2) 몸의 온도. •   • ㉡ 집중적

(3) 땅이 물기나 양분이 없어 기름지지 않다. •   • ㉢ 메마르다

02 낱말의 뜻을 바르게 설명한 것을 모두 찾아 ✔ 하세요.

(1) '사막'은 비가 아주 적게 내려서 동식물이 거의 살지 않고 모래로 뒤덮인 땅을 말해요. ☐

(2) '지진'은 땅속에 있는 가스나 용암이 땅을 뚫고 터져 나오는 것을 말해요. ☐

(3) '산사태'는 큰비나 지진 등으로 산에서 돌과 흙이 한꺼번에 무너져 내리는 일을 말해요. ☐

03 빈 곳에 알맞은 낱말을 보기 에서 찾아 쓰세요.

보기	체온	지진	산사태	사막	메말라	집중적

(1) 어젯밤에 내린 큰비로 _____ 가 일어나 집을 덮쳤어요.

(2) 뜨거운 물에 몸을 담갔더니 _____ 이 높아졌어요.

(3) 작은 섬나라에 _____ 이 나서 땅이 갈라지고 건물이 무너졌어요.

(4) 농부들은 논바닥이 _____ 쩍쩍 갈라지는 것을 보고 한숨을 쉬었어요.

(5) 태권도 시합에 대비해 _____ 으로 훈련할 거예요.

(6) 선인장은 모래가 끝없이 펼쳐져 있는 _____ 에 살아요.

무시무시한 자연재해

우리나라는 봄이 되면 하늘이 뿌옇게 되는 날이 많아요. 바로 황사 때문이지요. 황사는 중국이나 몽골의 사막에서 발생한 미세한 모래 먼지가 강한 바람을 타고 우리나라까지 날아와 내려앉는 현상이에요. 이 모래 먼지가 우리 몸에 들어가면 눈과 코, 목 등에 병을 일으키지요.

▲ 황사

황사가 너무 심한 날은 비행기도 날 수 없어.

황사로 인한 피해처럼 가뭄, 홍수, 태풍, 지진 등 피할 수 없는 자연 현상으로 일어나는 피해를 '자연재해'라고 해요.

우리나라는 자연재해가 자주 발생해요. 봄에는 황사뿐만 아니라 가뭄으로 인해 피해를 입어요. 오랫동안 비가 오지 않는 가뭄이 계속되면 땅이 메말라 농작물이 잘 자라지 못하고 말라 죽기도 해요.

여름에는 폭염과 집중 호우로 인해 피해를 입기도 해요. 폭염은 하루 최고 기온이 33℃ 이상으로 올라가는 매우 심한 더위예요. 폭염이 발생하면 사람들은 밖에서 일상생활을 하기 어려워요. 또 짧은 시간 동안에 비가 어느 한 지역에 집중적으로 많이 내리는 집중 호우는 낮은 곳에 있는 마을과 논밭을 물에 잠기게 하고, 산사태를 일으키기도 하지요.

여름에서 초가을 사이에는 많은 비를 동반한 강한 바람인 태풍이 찾아와 큰 피해를 주어요. 태풍이 불면 나무가 뽑히고, 농작물이 쓰러지며 집이 부서지기도 해요. 또 비가 많이 와 집이나 논밭이 물에 잠기기도 하지요.

겨울에는 폭설과 한파가 피해를 주어요. 폭설은 한 번에 너무 많은 양의 눈이 내리는 현상이에요. 폭설이 내리면 쌓인 눈 때문에 차들이 다니지 못하고, 비닐하우스나 집이 무너지기도 해요. 또 기온이 갑자기 내려가는 한파가 찾아오면 사람들은 체온이 낮아져 건강을 해치고, 동상에 걸리기도 해요. 추위로 수도관이 얼어서 터지거나 차들이 고장 나기도 하지요.

01 황사, 가뭄, 홍수, 태풍, 지진 등 피할 수 없는 자연 현상으로 일어나는 피해를 무엇이라고 하는지 쓰세요.

02 봄에 발생하는 자연재해는 ♉, 겨울에 발생하는 자연재해는 ♉로 묶으세요.

지진   황사   폭염   태풍

가뭄   집중 호우   한파   폭설

03 어떤 자연재해에 대한 설명인지 보기 에서 찾아 기호를 쓰세요.

보기   ㉠ 황사   ㉡ 태풍   ㉢ 폭염   ㉣ 집중 호우

(1) 짧은 시간 동안에 어느 한 지역에 집중적으로 많이 내리는 비   (　　　)

(2) 여름과 초가을 사이에 불어오는, 많은 비를 동반한 강한 바람   (　　　)

(3) 하루 최고 기온이 33℃ 이상으로 올라가는 매우 심한 더위   (　　　)

(4) 중국이나 몽골의 사막에서 발생한 미세한 모래 먼지가 강한 바람을
타고 우리나라까지 날아와 내려앉는 현상   (　　　)

04 폭설과 한파에 대한 설명으로 틀린 것을 고르세요. (　　　)

① 폭설은 한 번에 너무 많은 양의 눈이 내리는 현상이에요.

② 폭설이 내리면 차들이 다니지 못하고 집이 무너지기도 해요.

③ 한파는 기온이 갑자기 내려가는 현상이에요.

④ 한파가 오면 사람들은 체온이 올라가 땀이 많이 나고 어지러워요.

기상 대기 속에서 일어나는 바람, 비, 구름, 눈 등의 현상.

대비 앞으로 일어날 수 있는 어려운 상황에 대해 미리 준비함. 또는 그런 준비.

댐 강이나 바닷물을 막아 물의 양을 조절하고 전기를 만들기 위하여 쌓은 둑.

첨단 시대나 학문, 유행 등의 가장 앞서는 자리.

항구 배가 드나들 수 있도록 강가나 바닷가에 만든 시설.

해일 갑자기 바닷물이 크게 일어서 육지로 넘쳐 들어오는 것. 또는 그런 현상.

4주
3일

01 낱말의 뜻을 보기 에서 찾아 기호를 쓰세요.

보기

ㄱ 배가 드나들 수 있도록 강가나 바닷가에 만든 시설.

ㄴ 시대나 학문, 유행 등의 가장 앞서는 자리.

ㄷ 대기 속에서 일어나는 바람, 비, 구름, 눈 등의 현상.

ㄹ 앞으로 일어날 수 있는 어려운 상황에 대해 미리 준비함. 또는 그런 준비.

ㅁ 강이나 바닷물을 막아 물의 양을 조절하고 전기를 만들기 위하여 쌓은 둑.

ㅂ 갑자기 바닷물이 크게 일어서 육지로 넘쳐 들어오는 것. 또는 그런 현상.

(1) 댐 (   )   (2) 항구 (   )   (3) 해일 (   )

(4) 기상 (   )   (5) 첨단 (   )   (6) 대비 (   )

02 밑줄 친 낱말이 바르게 쓰인 것을 모두 찾아 ✔ 하세요.

(1) 은행에 사람이 많아 순서를 기다리며 한참을 **대비**했어요.   ☐

(2) 바닷가에 있을 때 **해일**이 밀려오면 재빨리 높은 곳으로 피해야 해요.   ☐

(3) 홍수에 대비하기 위해 **댐**을 새로 만들었어요.   ☐

03 빈칸에 알맞은 낱말을 찾아 선으로 이으세요.

(1) 배가 뱃고동 소리를 내며 ☐를 떠났어요.   •   • ㄱ 항구

(2) 우리 회사에서 최신 기술로 만든 ☐ 자동차는 인기가 좋아요.   •   • ㄴ 기상

(3) ☐ 상태가 좋지 못해 비행기가 뜨지 못했어요.   •   • ㄷ 첨단

자연재해를 극복하려는 노력

해마다 많은 자연재해가 일어나고 있지만 자연재해는 사람의 힘으로는 막을 수 없어요. 하지만 미리 대비하면 피해를 줄일 수는 있지요.

사람들은 자연재해를 극복하기 위해서 여러 가지 노력을 하고 있어요. 기상청에서는 첨단 장비를 이용해 자연재해를 예측하고, 일기 예보를 통해 사람들에게 기상 정보를 알려 주어 자연재해에 대비할 수 있게 해 주어요. 행정안전부에서는 자연재해가 발생하면 사람들에게 긴급 재난 문자를 보내 위험에 대처하도록 해 주지요.

또 여러 가지 시설을 만들어서 자연재해에 대비하기도 해요. 하천이나 계곡에는 댐이나 저수지를 만들어 가뭄과 홍수에 대비해요. 비가 많이 올 때는 댐이나 저수지에 물을 가두어 두었다가, 비가 적게 올 때는 가두어 둔 물을 흘려 보내서 홍수나 가뭄으로 피해를 입지 않도록 하지요. 바닷가에는 태풍이 오거나 해일이 일 때를 대비해 방파제를 만들어 놓아요. 방파제는 높고 거친 파도를 막기 위해 쌓은 둑으로, 항구로 큰 파도가 들이치는 것을 막아 항구의 시설과 배들을 안전하게 보호하지요.

그 밖에도 홍수에 대비해 강물이 넘치지 않도록 강 주변에 둑을 쌓거나, 산사태가 나지 않도록 산에 나무를 심기도 해요. 또 지진에 대비해 건물과 도로를 지진에 견딜 수 있도록 튼튼하게 만들지요.

자연재해에 대비하는 시설을 만드는 것도 중요하지만, 재해가 발생했을 때 잘 대처하는 것도 중요해요. 자연재해에 알맞은 대처 방법을 잘 익혀 두고, 재해가 났을 때 그대로 실천하면 피해를 줄일 수 있답니다.

파도가 거셀 때에는 배들을 방파제 안으로 옮겨 두면 안전해.

▲ 방파제

4주
3일

01 자연재해에 대한 설명이 맞으면 ○, 틀리면 ✕ 하세요.

(1) 자연재해는 사람의 힘으로 막을 수 있어요.   (   )

(2) 사람들이 미리 자연재해에 대비하면 피해를 줄일 수 있어요.   (   )

(3) 사람들은 자연재해를 극복하기 위해 다양한 노력을 해요.   (   )

02 자연재해에 대비하기 위해 기상청에서 하는 일을 바르게 말한 친구를 모두 찾아 ○ 하세요.

첨단 장비를 이용해
자연재해를 예측해.
롱이

건물과 도로를
튼튼하게 지어.
소라

일기 예보를 통해
기상 정보를 알려 줘.
빵이

03 자연재해에 대비하는 시설에 대한 글을 읽고, 빈 곳에 알맞은 말을 쓰세요.

(1) 하천이나 계곡에는 댐이나 ＿＿＿＿＿＿＿를 만들어 물의 양을 조절해 가뭄과
＿＿＿＿＿＿＿에 대비해요.

(2) 바닷가에는 ＿＿＿＿＿＿＿를 만들어 항구로 큰 파도가 들이치는 것을 막아
태풍이나 해일에 대비해요.

04 자연재해에 대비하는 모습으로 맞는 것을 모두 고르세요. (,   )

① 강물이 넘치지 않도록 강 주변에 둑을 쌓아요.

② 산사태가 나지 않도록 산에 있는 나무를 모두 베어요.

③ 지진에 대비해 건물과 도로를 튼튼하게 만들어요.

④ 가뭄에 대비해 방파제를 만들어요.

남극 지구의 남쪽 끝. 또는 그 주변의 지역.

면적 일정한 면이 차지하는 크기.

북반구 적도를 기준으로 지구를 둘로 나누었을 때의 북쪽 부분.

남반구 적도를 기준으로 지구를 둘로 나누었을 때의 남쪽 부분.

속하다 어떤 것에 관계되어 그 범위 안에 들다.

역사 인간 사회가 시간이 지남에 따라 흥하고 망하면서 변해 온 과정. 또는 그 기록.

01 낱말의 뜻을 찾아 선으로 이으세요.

(1) 면적 ・

(2) 남극 ・

(3) 남반구 ・

(4) 북반구 ・

・ ㉠ 지구의 남쪽 끝. 또는 그 주변의 지역.

・ ㉡ 적도를 기준으로 지구를 둘로 나누었을 때의 남쪽 부분.

・ ㉢ 일정한 면이 차지하는 크기.

・ ㉣ 적도를 기준으로 지구를 둘로 나누었을 때의 북쪽 부분.

02 뜻에 알맞은 낱말이 되도록 글자를 모두 찾아 ○ 하세요.

(1) 어떤 것에 관계되어 그 범위 안에 들다.

| 속 | 굴 | 하 | 비 | 다 |

(2) 인간 사회가 시간이 지남에 따라 흥하고 망하면서 변해 온 과정. 또는 그 기록.

| 중 | 역 | 소 | 사 | 연 |

03 ( ) 안에서 알맞은 낱말을 골라 ○ 하세요.

(1) 이사 갈 집은 거실 (면적 | 면접)이 이 집보다 넓어요.

(2) 나는 노래를 잘해서 어린이 합창단에 (걸쳐 | 속해) 있어요.

(3) 오스트레일리아는 적도의 남쪽 부분인 (북반구 | 남반구)에 있어요.

(4) 얼음으로 뒤덮인 (밀림 | 남극)에는 펭귄, 고래, 바다표범 등이 살아요.

(5) 우리나라는 적도의 북쪽 부분인 (북반구 | 남반구)에 있어요.

(6) 텔레비전에서 세종 대왕의 업적을 다룬 (미래 | 역사) 드라마가 방송 중이에요.

지구를 이루는 여섯 개의 대륙

우리가 사는 지구에는 여섯 개의 대륙이 있어요. '대륙'은 바다로 둘러싸인 큰 땅덩어리를 말해요. 일반적으로 아시아, 아프리카, 북아메리카, 남아메리카, 유럽, 오세아니아를 이르지요.

가장 큰 대륙은 아시아로, 세계 인구의 반 이상이 아시아에 살아요. 아시아에는 우리나라뿐만 아니라, 중국, 일본, 몽골, 인도, 이란, 필리핀 등의 나라가 있지요.

북반구와 남반구에 걸쳐 있는 아프리카는 대륙 한가운데로 적도가 지나요. 세계에서 규모가 가장 큰 사막인 사하라 사막이 있고, 이집트, 리비아, 나이지리아, 가나, 남아프리카 공화국 등의 나라가 있지요.

북반구에 위치한 북아메리카에는 캐나다, 미국, 멕시코, 쿠바, 과테말라, 온두라스 등의 나라가 있어요. 또 세계에서 가장 큰 섬인 그린란드가 속해 있지요.

북아메리카의 남쪽에 있는 남아메리카는 적도 부근에서 남극 근처까지 남북으로 길게 뻗어 있어요. 남아메리카에는 브라질, 페루, 아르헨티나, 콜롬비아 등의 나라가 있어요.

아시아 서쪽에 있는 유럽에는 프랑스, 영국, 이탈리아, 독일, 스위스, 덴마크 등의 나라가 있어요. 면적은 좁지만 오랜 역사와 문화를 간직한 대륙이지요.

남반구에 위치한 오세아니아는 가장 작은 대륙이에요. 가장 큰 섬인 오스트레일리아와 1만 개 이상의 섬으로 이루어져 있어요. 오스트레일리아, 뉴질랜드, 파푸아 뉴기니 등의 나라가 있지요.

▲ 세계 지도

01 여섯 대륙에 속하지 <u>않는</u> 곳을 찾아 ○ 하세요.

유럽　　　　아프리카　　　　북극　　　　아시아

남아메리카　　　　북아메리카　　　　오세아니아

02 아시아 대륙에 대한 설명으로 맞는 것을 모두 고르세요. (　　　,　　　)

① 다른 대륙에 비해 인구가 적어요.

② 세계에서 가장 큰 대륙이에요.

③ 우리나라가 속해 있어요.

④ 브라질, 칠레, 페루, 러시아 등의 나라가 있어요.

03 친구가 설명하는 대륙의 이름을 쓰세요.

면적은 좁지만 오랜 역사와 문화를 간직한 대륙이야.

(1) ☐

한가운데로 적도가 지나고 사하라 사막이 있는 대륙이야.

(2) ☐

04 다음 나라들이 속해 있는 대륙을 찾아 선으로 이으세요.

(1)　브라질, 페루, 아르헨티나, 콜롬비아　　　•　　　•　㉠　유럽

(2)　프랑스, 영국, 이탈리아, 독일, 스위스　　　•　　　•　㉡　남아메리카

(3)　오스트레일리아, 뉴질랜드, 파푸아 뉴기니　•　　　•　㉢　오세아니아

고원 높은 산 위에 있는 넓은 들판.

국경 나라와 나라의 국토를 나누는 경계.

온천 땅속의 열로 뜨겁게 데워진 지하수로 목욕할 수 있게 만든 시설.

지하자원 철, 석탄, 석유와 같이 땅속에 묻혀 있는 자원.

지형 땅의 생긴 모양.

초원 풀이 난 들판.

01 낱말에 대한 설명이 맞으면 ○, 틀리면 ✕ 하세요.

(1) '지형'은 땅의 생긴 모양을 말해요.   (   )

(2) '국경'은 나라와 나라의 국토를 나누는 경계를 말해요.   (   )

(3) '고원'은 큰 나무들이 빽빽하게 들어선 곳을 말해요.   (   )

(4) '초원'은 풀이 난 들판을 말해요.   (   )

(5) '지하자원'은 바다나 강 따위의 물에서 생산되는 자원을 말해요.   (   )

(6) '온천'은 땅속의 열로 뜨겁게 데워진 지하수로 목욕할 수 있게 만든 시설을 말해요.   (   )

02 ( ) 안에서 알맞은 낱말을 골라 ○ 하세요.

(1) 이장은 이 마을에서 오래 살아서 마을 주변의 (지형 | 지향)을 잘 알고 있어요.

(2) 광부들은 땅속에 들어가 석탄 같은 (산림 자원 | 지하자원)을 캤어요.

03 빈칸에 알맞은 낱말을 보기에서 찾아 쓰세요.

보기: 고원, 온천, 국경, 초원

(1) 뜨거운 □□에 몸을 담그니 모든 긴장이 다 풀리는 것 같아요.

(2) 높은 곳에 있는 □□은 원래 평평했던 땅이 점차 높아져서 생긴 거예요.

(3) 코끼리 떼가 드넓은 □□에서 풀을 뜯어요.

(4) 우리나라는 중국과 □□을 마주하고 있어요.

우리나라와 가까운 이웃 나라들

우리나라와 가장 가까이 있는 나라들은 어느 나라일까요? 중국, 일본, 러시아예요.

우리나라의 서쪽에 있는 중국은 세계에서 인구가 가장 많은 나라로, 인구가 14억 명이 넘어요. 중국의 영토는 세계에서 네 번째로 큰데, 한반도 크기의 약 44배나 되지요. 중국은 영토가 넓다 보니 몽골, 러시아, 인도, 네팔, 부탄, 베트남 등 14개의 나라

우리나라는 중국, 일본, 러시아와 국경을 마주하고 있어.

와 국경을 맞대고 있어요. 중국은 평야, 고원, 호수, 사막, 초원 등 지형이 다양하고, 지역에 따라 기후도 다양하게 나타나요. 넓은 땅, 많은 인구, 풍부한 지하자원을 바탕으로 산업이 빠르게 발전하고 있지요.

우리나라의 동쪽에 있는 일본은 바다로 둘러싸인 섬나라예요. 4개의 큰 섬과 수많은 작은 섬들로 이루어져 있지요. 일본은 국토의 대부분이 산지이고, 화산이 많아 온천이 발달했어요. 비와 눈이 많이 내리고, 화산 활동과 지진이 자주 일어나며 태풍도 자주 지나가요. 산업으로는 기계, 전자, 자동차 부분이 발달했지요.

우리나라의 북쪽에는 러시아가 있어요. 러시아는 세계에서 영토가 가장 넓은 나라로, 아시아와 유럽에 걸쳐 있어요. 금속, 기계, 우주 산업 등이 발달했고, 석유, 석탄, 천연가스 등의 지하자원이 풍부하지요. 러시아는 땅이 넓기 때문에 다양한 기후가 나타나는데, 보통 여름은 짧고 서늘하며 겨울은 길고 몹시 추워요. 특히 시베리아에 있는 오이먀콘 마을은 남극을 제외하고 사람이 사는 지역 중에서 가장 추운 곳이지요. 겨울철 기온이 영하 70도까지 내려간다고 해요.

01 우리나라의 이웃 나라를 모두 찾아 ⟨로 묶으세요.

중국   일본   그리스

인도   러시아   멕시코

02 중국에 대한 설명이 맞으면 ○, 틀리면 ✕ 하세요.

(1) 세계에서 영토가 가장 넓어요.   (   )

(2) 세계에서 인구가 가장 많아요.   (   )

(3) 몽골, 캐나다, 인도, 영국 등과 국경을 마주하고 있어요.   (   )

(4) 평야, 고원, 호수, 사막 등 지형이 다양해요.   (   )

03 일본에 대한 설명이면 '일본', 러시아에 대한 설명이면 '러시아'를 쓰세요.

(1) 아시아와 유럽에 걸쳐 있어요.

(2) 바다로 둘러싸인 섬나라예요.

(3) 석유, 석탄, 천연가스 등의 지하자원이 풍부해요.

(4) 화산이 많고 온천이 발달했어요.

04 남극을 제외하고 사람이 사는 지역 중에서 가장 추운 곳은 어디인지 쓰세요.

러시아의 _____ 에 있는 _____ 마을

친구들의 물음에 알맞은 낱말을 글자판에서 찾아 ◯으로 묶으세요.
(낱말은 가로, 세로로 찾을 수 있어요.)

① 일정한 지역에서 여러 해에 걸쳐 나타난 평균적인 날씨를 뭐라고 할까?

② 큰비나 지진 등으로 산에서 돌과 흙이 한꺼번에 무너져 내리는 일을 뭐라고 해?

③ 땅이 지구 내부의 힘을 받아 흔들리고 갈라지는 현상을 뭐라고 하지?

④ 배가 드나들 수 있도록 강가나 바닷가에 만든 시설을 뭐라고 해?

⑤ 지구의 남쪽 끝 또는 그 주변의 지역을 뭐라고 할까?

⑥ 철, 석탄, 석유와 같이 땅속에 묻혀 있는 자원을 뭐라고 해?

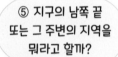

남	극	북	반	구	기
산	사	태	초	원	후
봉	우	리	지	진	습
강	화	산	가	뭄	기
항	천	연	기	념	물
구	댐	지	하	자	원

글의 내용이 맞으면 '예', 틀리면 '아니요'를 따라가 만나는 친구에게 ○ 하세요. 그리고 화살표를 따라가면서 만난 글자를 차례대로 빈칸에 쓰세요.

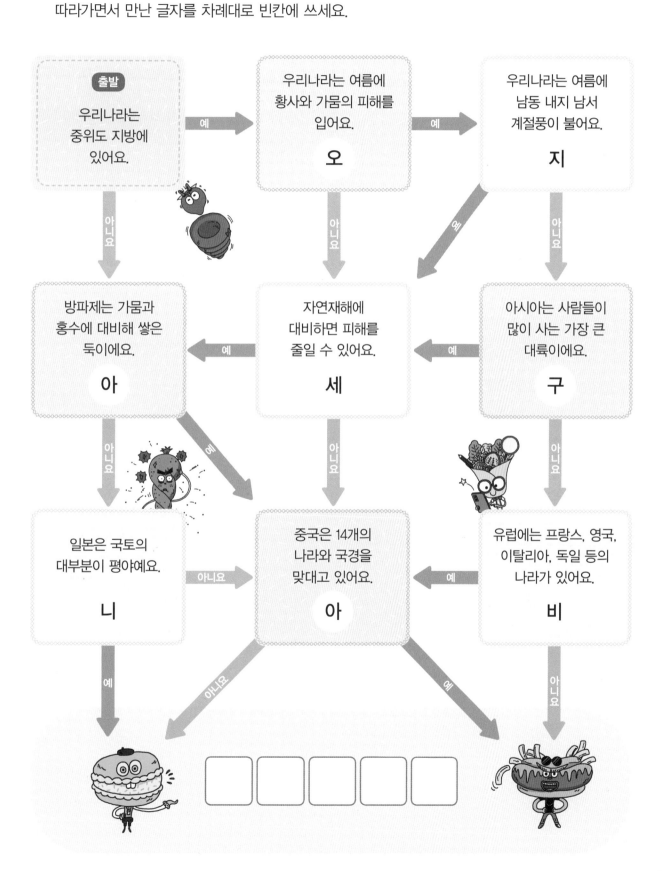

투발루에게 수영을 가르칠 걸 그랬어!

넓은 바다 한복판, 아홉 개의 작은 섬으로 이루어진 나라 투발루에 로자와 고양이 투발루가 살았어. 로자와 투발루는 밥도 같이 먹고, 잠도 같이 자고, 노래도 같이 부르며 늘 함께했지. 하지만 다른 게 딱 하나 있었어.

"언니, 수영하고 올게!"

로자가 투발루의 털을 쓰다듬고 바다로 가면 투발루는 긴 꼬랑지를 바짝 세우고 야자나무 숲으로 들어가지. 투발루는 물을 너무너무 싫어하거든.

(중략)

둥근달이 떠오르는 보름이 되자 바닷물이 마당으로 들이닥쳤어.

"바닷물이 불어나서 큰일이구나!"

"아빠, 바닷물이 왜 자꾸 불어나요?"

로자가 파란 바다를 보며 나직이 물었어.

"지구가 더워져서 빙하가 녹아내리고 있거든. 그래서 바닷물이 불어나는 거야."

"바다가 저렇게 넓은데 빙하가 녹는다고 물이 불어나요?"

"엄청나게 큰 빙하가 녹아내리니까 불어날 수밖에."

(중략)

"우리도 이제 투발루를 떠나야 한단다."

아빠는 한숨을 푹 내쉬며 저녁노을로 붉어진 바다를 바라보았어.

"여기를 떠나 어떻게 살지 걱정이구나."

엄마도 멍하니 바다만 바라보았어.

"아직 우리 집은 물에 잠기지 않았잖아요. 난 여기가 좋단 말이에요."

"아빠 엄마도 너처럼 여기서 살고 싶단다. 하지만 바닷물이 자꾸 불어나서 곧 나라 전체가 물에 잠기게 될 거래. 어제는 마당까지 물이 들어왔잖아. 떠나기 싫지만 어쩔 수 없구나."

유다정, 『투발루에게 수영을 가르칠 걸 그랬어!』, 미래아이

01 로자가 사는 나라의 이름을 쓰세요.

[   ]

02 투발루의 바닷물이 불어나는 이유를 찾아 ○ 하세요.

투발루에 비가 많이
내리기 때문이에요.

지구가 더워져서
빙하가 녹아내리기
때문이에요.

지구가 추워져서
빙하가 자꾸 생기기
때문이에요.

03 이 글의 내용으로 맞는 것을 모두 고르세요. (,   )

① 고양이 투발루는 물을 싫어해요.

② 로자는 수영을 못해요.

③ 바닷물이 불어나 로자네 마당까지 물이 들어왔어요.

④ 로자네 가족은 투발루가 싫어서 떠나려고 해요.

어휘 풀이

· **한복판** 어떤 장소나 물건의 한가운데.
· **투발루** 서남태평양 가운데 산호섬으로 이루어진 나라.
· **들이닥치다** 갑자기 가까이 오거나 마구 들어오다.
· **불어나다** 수량 등이 원래보다 커지거나 많아지다.
· **나직이** 소리가 조금 낮고 조용하게.
· **빙하** 추운 지역에서 눈이 오랫동안 쌓여 만들어진, 육지를 덮고 있는 큰 얼음덩어리.
· **멍하니** 정신이 나간 것처럼 가만히.

1일 어휘 (11쪽)

01 (1) 식물 (2) 미역 (3) 소금

02 (1) ㄴ (2) ㄷ (3) ㄱ

03 (1) 약초 (2) 재배 (3) 농산물 (4) 양식장
(5) 산비탈 (6) 염전

1일 독해 (13쪽)

01 (1) ○ (2) ○ (3) × (4) ○

02 김, 미역, 물고기, 조개

03 꽈리

04 (1) 공장 (2) 바다

2일 어휘 (15쪽)

01 (1) ○ (2) × (3) ○ (4) × (5) ○ (6) ○

02 (1) 교통 (2) 터미널

03 (1) 상점 (2) 주택 (3) 상업 (4) 산업

2일 독해 (17쪽)

01 중심지

02 ②

03 (1) ㄱ (2) ㄷ (3) ㄴ

04 (1) ○ (2) × (3) ○

3일 어휘 (19쪽)

01 (1) ㄷ (2) ㄴ (3) ㄱ

02 (1) 죄 (2) 화재 (3) 문서

03 (1) 범죄 (2) 발급 (3) 예방 (4) 화재
(5) 증명서 (6) 소방

3일 독해 (21쪽)

01 ③

02 학교, 도서관, 경찰서, 보건소, 소방서

03 (1) 경찰서 (2) 보건소

04 (1) 소방서 (2) 우편물

4일 어휘 (23쪽)

01 (1) 돛단배 (2) 여객선 (3) 교통수단
(4) 화물 (5) 장 (6) 가마

02 (1) 가, 마 (2) 화, 물

03 (1) 돛단배 (2) 장 (3) 교통수단
(4) 여객선

4일 독해 (25쪽)

01 가마, 뗏목, 달구지, 돛단배

02 (1) 달구지 (2) 돛단배

03 기계

04 (1) 오늘날 (2) 옛날 (3) 옛날 (4) 오늘날

5일 어휘 (27쪽)

01 (2), (4), (6)

02 ③

03 (1) ㄴ (2) ㄱ (3) ㄹ (4) ㄷ

5일 독해 (29쪽)

01 룽이, 소라

02 횃불, 연기

03 ①, ③

04 (1) ㉡, ㉢, ㉣ (2) ㉠, ㉢, ㉣

6일 복습 (30~31쪽)

1일 어휘 (35쪽)

01 (1) ○ (2) ✕ (3) ○

02 (1) ㉢ (2) ㉠ (3) ㉡

03 (1) 독신 (2) 입양 (3) 혈연 (4) 독립
(5) 조손 (6) 다문화

1일 독해 (37쪽)

01 가족

02 확대 가족, 핵가족

03 ③

04 (1) ㉢ (2) ㉠ (3) ㉡

2일 어휘 (39쪽)

01 (1) 하천 (2) 편의 시설 (3) 목재
(4) 울창하다 (5) 갯벌 (6) 문화 시설

02 (1) ㉡ (2) ㉠ (3) ㉢

03 (1) ㉢ (2) ㉡ (3) ㉠

2일 독해 (41쪽)

01 어촌, 자연환경

02 (1) ㉡ (2) ㉢ (3) ㉠

03 ㉠, ㉣

04 (1) 아니요 (2) 예 (3) 아니요 (4) 예

3일 어휘 (43쪽)

01 (1) ㉢ (2) ㉡ (3) ㉠

02 예은, 기훈

03 (1) 대중교통 (2) 매연 (3) 여가 (4) 폐수

(5) 경제 (6) 정치

3일 독해 (45쪽)

01 도시

02 ④

03 (1) ✕ (2) ◯ (3) ◯ (4) ✕

04 (1) 올라가요 (2) 막히고 (3) 폐수

4일 어휘 (47쪽)

01 (1) ㄹ (2) ㅁ (3) ㅂ (4) ㄱ (5) ㄴ (6) ㄷ

02 (1) 특산물 (2) 직거래 (3) 휴양지

03 (1), (3)

4일 독해 (49쪽)

01 식량, 휴양지, 물건을 만드는 재료

02 꽈리

03 ②

04 예지, 아인

5일 어휘 (51쪽)

01 (1) ㄱ (2) ㄷ (3) ㄴ

02 (1) 부양 (2) 소외 (3) 의학

03 (1) 의학 (2) 소외 (3) 부양 (4) 출산율
(5) 맞벌이 (6) 복지

5일 독해 (53쪽)

01 (1) 저출산 (2) 고령화

02 ①, ④

03 (1) ◯ (2) ◯ (3) ✕ (4) ◯

04 일자리, 병원, 교육

6일 복습 (54~55쪽)

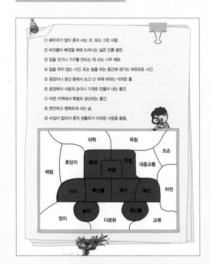

① 독신
② 갯벌
③ 목재
④ 여가
⑤ 폐수
⑥ 공산품
⑦ 특산물
⑧ 복지
⑨ 부양

나타난 그림은 '자동차'입니다.

교과서 속 책 읽기 (57쪽)

01 이주민들이 겪는 어려움

02 ①, ④

03 꽈리

1일 어휘 (61쪽)

01 (1) 방, 위 (2) 방, 위, 표 (3) 지, 형, 도
(4) 낮, 설, 다

02 (1) 기호 (2) 안내도

03 (1) 기호 (2) 방위 (3) 낯설게 (4) 방위표
(5) 지형도 (6) 안내도

1일 독해 (63쪽)

01 땅, 줄여서

02 ②

03 (1) 주제도 (2) 일반도

04 (1) ㉡, ㉣, ㉢ (2) ㉠, ㉢, ㉢

2일 어휘 (65쪽)

01 (1), (3), (4), (5)

02 (1) 해수면 (2) 경사 (3) 높낮이

03 (1) ㉡ (2) ㉢ (3) ㉠

2일 독해 (67쪽)

01 (1) 방위표 (2) 남쪽, 동쪽

02 (1) ㉡ (2) ㉠ (3) ㉢

03 ②, ④

04 롱이, 빵이

3일 어휘 (69쪽)

01 (1) 땅 (2) 주권 (3) 바다 (4) 허가
(5) 반도 (6) 남

02 (1) ㉢ (2) ㉠ (3) ㉡

03 (1), (3)

3일 독해 (71쪽)

01 (1) 아니요 (2) 예 (3) 예 (4) 예

02 영해

03 (1) ㉣ (2) ㉠ (3) ㉢ (4) ㉡

04 (1) 섬 (2) 영해

4일 어휘 (73쪽)

01 (1) ㉢ (2) ㉣ (3) ㉡ (4) ㉠ (5) ㉣ (6) ㉢

02 (1)

03 (1) ㉢ (2) ㉡ (3) ㉠

4일 독해 (75쪽)

01 동쪽, 서도

02 화섬

03 (1) ○ (2) ✕ (3) ○ (4) ○

04 ②, ④

5일 어휘 (77쪽)

01 (1) 평, 야 (2) 산, 줄, 기

02 (1) ○ (2) ✕ (3) ○ (4) ✕

03 (1) ㉡ (2) ㉢ (3) ㉢ (4) ㉣ (5) ㉠ (6) ㉣

5일 독해 (79쪽)

01 ③

02 또띠

03 (1) 서해안 (2) 동해안

04 ②, ③

6일 복습 (80~81쪽)

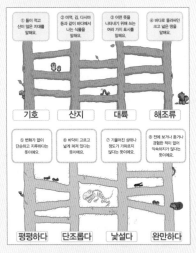

① 산지
② 해조류
③ 기호
④ 대륙
⑤ 단조롭다
⑥ 평평하다
⑦ 완만하다
⑧ 낯설다

1일 어휘 (85쪽)

01 (1) 습기 (2) 날씨 (3) 계절 (4) 축축하다
(5) 건조 (6) 선선하다

02 (1) ㄴ (2) ㄷ (3) ㄱ

03 (1) 건조 (2) 습한 (3) 선선해요

1일 독해 (87쪽)

01 여름, 가을, 겨울

02 ①, ④

03 여름, 습해요, 북서, 춥고

04 (1) 예 (2) 아니요 (3) 예

2일 어휘 (89쪽)

01 (1) ㄴ (2) ㄱ (3) ㄷ

02 (1), (3)

03 (1) 산사태 (2) 체온 (3) 지진 (4) 메말라
(5) 집중적 (6) 사막

2일 독해 (91쪽)

01 자연재해

02 봄-황사, 가뭄 / 겨울-한파, 폭설

03 (1) ㄹ (2) ㄴ (3) ㄷ (4) ㄱ

04 ④

3일 어휘 (93쪽)

01 (1) ㅁ (2) ㄱ (3) ㅂ (4) ㄷ (5) ㄴ (6) ㄹ

02 (2), (3)

03 (1) ㄱ (2) ㄷ (3) ㄴ

3일 독해 (95쪽)

01 (1) ✕ (2) ◯ (3) ◯

02 롱이, 빵이

03 (1) 저수지, 홍수 (2) 방파제

04 ①, ③

4일 어휘 (97쪽)

01 (1) ㄷ (2) ㄱ (3) ㄴ (4) ㄹ

02 (1) 속, 하, 다 (2) 역, 사

03 (1) 면적 (2) 속해 (3) 남반구 (4) 남극
(5) 북반구 (6) 역사

4일 독해 (99쪽)

01 북극

02 ②, ③

03 (1) 유럽 (2) 아프리카

04 (1) ㄴ (2) ㄱ (3) ㄷ

5일 어휘 (101쪽)

01 (1) ◯ (2) ◯ (3) ✕ (4) ◯ (5) ✕ (6) ◯

02 (1) 지형 (2) 지하자원

03 (1) 온천 (2) 고원 (3) 초원 (4) 국경

5일 독해 (103쪽)

01 중국, 일본, 러시아

02 (1) ✕ (2) ◯ (3) ✕ (4) ◯

03 (1) 러시아 (2) 일본 (3) 러시아 (4) 일본

04 시베리아, 오이먀콘

6일 복습 (104~105쪽)

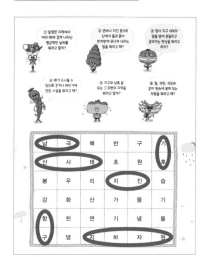

① 기후

② 산사태

③ 지진

④ 항구

⑤ 남극

⑥ 지하자원

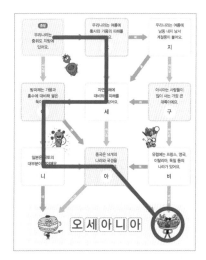

교과서 속 책 읽기 (107쪽)

01 투발루

02 지구가 더워져서 빙하가 녹아내리기 때문이에요.

03 ①, ③

사회 1권 찾아보기

메모장